von Herzen ....
Eure
Geli♡.

- September 2014 -

Weil es Liebe ist, erleben Menschen die schönsten und unvergesslichsten Gefühle, machen die verrücktesten Sachen und geraten in die absurdesten Verwicklungen. Kein Wunder also, dass über die Liebe so viel geschrieben wird. Über die Liebe an sich und die Sehnsucht nach ihr, über das Suchen und Finden – und über das Verlieren. »Was uns vor allem an der Liebe berührt, ist ihre Vergänglichkeit.« (*Jeffrey Eugenides*)

Dieser Band versammelt die schönsten Geschichten über die Liebe heute. Mit Texten von Lily Brett, Judith Hermann, Ralf Rothmann, Daniel Kehlmann, Albert Ostermaier und vielen anderen.

Nadja Mayer studierte Germanistik, Philosophie, Theater-, Film- und Fernsehwissenschaften in Frankfurt am Main. Sie arbeitet als freie Texterin und Autorin. 2011 wurde sie mit dem Caroline-Schlegel-Förderpreis für Essayistik ausgezeichnet.

Weil es Liebe ist

insel taschenbuch 4230

Weil es Liebe ist
Die schönsten Geschichten

HERAUSGEGEBEN VON
NADJA MAYER

Insel Verlag

Umschlagabbildung: Michael Mullan

Erste Auflage 2014
insel taschenbuch 4230
Originalausgabe

Quellennachweise am Schluss des Bandes
Vertrieb durch den Suhrkamp Taschenbuch Verlag
Umschlag: Cornelia Niere, München
Satz: Hümmer GmbH, Waldbüttelbrunn
Druck: Druckhaus Nomos, Sinzheim
Printed in Germany
ISBN 978-3-458-35930-2

INHALT

RALF ROTHMANN
Strange Little Girl

Beim Umzug entdeckte ich die gesprungene Hülle hinter den Boxen. »The Stranglers, live«, ein Geschenk von Elli, irgendwann in den Achtzigern. Doch sie war leer, und ich schmiß sie weg. Dann fand ich die CD in einer anderen Hülle, legte sie auf und staunte, wie gut sie war. Jedes Stück ging mir unter die Haut, fast jedes. Und wer kennt heute noch die Stranglers.

Ich lebte damals in Heidelberg; ich weiß nicht mehr, warum. Wahrscheinlich, weil ich die Stadt davor satt hatte. Heidelberg war okay und der Job an der Uniklinik nicht besser oder schlechter als anderswo. Ich wohnte an den Neckarwiesen und hatte außer Richard kaum Freunde. Die weiblichen Arbeitskollegen meines Alters waren mit ihren Familien beschäftigt, und zu den männlichen hielt ich Abstand. Es läuft ja doch immer aufs selbe hinaus. Ich habe da eine Philosophie des ersten Blicks: Achte darauf, wohin ein Mann zuerst schaut, und du weißt, wie der Hase läuft. Ich jedenfalls habe noch keinen getroffen, und schon gar keinen Arzt, der mir zuerst in die Augen gesehen hat. Naja, Richard vielleicht. Aber der ist Mathematiker.

An einem Nachmittag im Sommer, es war im August, rief mich unsere Stationsschwester ans Telefon. Ich kriegte einen Schreck, dachte an meine Mutter, Diabetes mellitus – aber dann war es eine Stimme, die mein Herz hüpfen ließ. »Hey!« rief ich. »Das kann doch nicht wahr sein! Wo bist du?«

Elli war in Berlin und hörte sich an, als hätte sie die ganze Nacht durchgezaubert. Dabei war es fast vier. »Bist du erkältet?« fragte ich.

»Was? Wieso soll ich denn erkältet sein? Ich hab doch Urlaub!« Typisch Elli. Und dann kam die Überraschung: Sie wollte mich besuchen, schon am nächsten Tag. Ob mir das recht wäre.

»Frag nicht so blöd!« sagte ich. »Kommt Olaf mit?«

»Um Gottes willen! Von dem will ich mich erholen.«

Elli und ich stammen aus derselben Stadt in der Pfalz; wir haben beide in München gelernt und auch eine Zeitlang zusammen gewohnt, im Schwesternheim in der Landshuter Straße. Das ist ein konfessionelles Haus, und Männerbesuch war natürlich verboten. Aber Elli schaffte es immer wieder, einen Kerl mit hoch zu schmuggeln. Damals war man ja noch bedenkenloser. Wir hatten dauernd Blasenentzündung.

Wenn man mit Elli ausging, blieb man nie lange allein. Nicht, daß sie besonders attraktiv gewesen wäre. Sie war klein und schlank, fast dünn, und hatte so viele Sommersprossen, daß es verboten aussah. Bei Sonne schienen sie zusammenzuklumpen in ihrem Gesicht. Die winzigen Brüste standen weit auseinander, ihr Po war ein bißchen eingefallen; nicht unbedingt eine Hosenfigur. Doch sie joggte gern, schon damals, hatte sehr schöne, muskulöse Beine, elegante Hände und eine Lockenmähne ... Wenn sie ein Lokal betrat und die Haare zurückwarf, verstummten die Gespräche.

»Welche Farbe hast du eigentlich genau?« fragte ich sie einmal, denn da war immer eine Tönung drin. Und sie lächelte mit ihrem herrlichen Mund und sagte: »Straßenköter.«

Sie wollte mit dem Zug kommen, und an dem Tag ging es gerade rund bei uns. »Linksherzkathetermeßplatz« konnte ich rückwärts buchstabieren. So kam ich zu spät in die Bahnhofshalle. Elli saß auf einer Bank, und als sie mich sah, reichte sie dem Soldaten, der vor ihr auf einem Seesack hockte, ihre Zigarette. Sie kreischte leise, umarmte mich und gab mir einen Kuß aufs Ohr.

Ich fuhr aus der Stadt heraus, zu einem Lokal, in dem es schon Zwiebelkuchen und Federweißen gab, und Elli plapperte ununterbrochen, auch beim Essen. Sie erzählte von ihrem neuen Job in dem Behindertencafé, von Olaf und seiner Gynäkologen-Karriere, von Berlin, wo es richtig toll sei, und daß der Soldat sie nach Montana eingeladen habe. Wenn sie redete und lachte, kümmerte es sie kaum, daß immer was zwischen ihren großen, ziemlich schiefen Zähnen klebte. Man konnte darauf warten, daß ihr der Salat über den Tellerrand rutschte oder etwas von der Gabel, mit der sie gestikulierte, in das Weinglas plumpste. Und auch von dem Nachtisch, Zitronencreme, hing ihr dauernd ein Tropfen an der Lippe. *Ihr* hing er an der Lippe, und ich wischte mir den Mund. Wie früher.

Wir tranken diesen Federweißen ohne Bremse und waren beim Espresso fast bedüdelt, als sie fragte: »Und du? Wie geht es *dir*? Hast du einen Freund?«

Ich rührte mir Zucker in den Kaffee. »Doch. So kann man es nennen.«

Gleich wurden ihre Augen groß und die Stimme verschwörerisch leise. »Und? Wie ist er? Stark und hübsch? So hübsch wie du?«

Ich lachte. »Wie mans nimmt. Er ist fast doppelt so alt wie ich.«

Sie hielt sich beide Hände vor den Mund. »O Gott. Und mal wieder verheiratet.«

Ich nickte.

»Kinder?«

Ich nickte.

»Hm … Hat er Geld?«

»Wieso?«

»Ach, nur so. Entschuldige. Ich dachte da wohl eher an mich.« Sie kicherte. »An meinen Hang zu italienischen Schuhen …« Dann legte sie mir eine Hand auf den Unterarm und sagte noch einmal: »Sei nicht böse, ja?«

Ich schüttelte den Kopf, umfaßte ihre Finger: »Hab ich dir nicht schon zigmal gesagt, daß man die Nagelhaut über den Monden zurückschiebt?«

Wir lachten, und sie fragte: »Liebst du ihn? Ist er einfühlsam?«

»Oh, ich denke schon. Ich mag seine Stimme, er liest mir oft vor, Hamsun, Rilke. Er ist Mathematiker an der Uni, aber er liebt Rilke. Seltsam, oder?« Sie nickte nur, es sah abwartend aus, vorsichtig. Vermutlich hatte sie noch nie etwas von Rilke gehört. »Und bei euch?« fragte ich. »Immer noch die große Leidenschaft?«

Erleichtert winkte sie ab. »I wo! Es ist ein einziges Hauen und Stechen. Ich weiß auch gar nicht mehr, was ich von ihm halten soll. So ein Klotz. Baut sich vor mir auf, zeigt mir seine Pranken und sagt: 75 B! Verstehst du? Als ob ich was dafür könnte, daß ich so kleine Brüste hab. Aber naja … Er liebt mich, und das ist erstmal ganz angenehm.« Sie grinste. »Das kommt mir sehr entgegen.«

»Du meinst, deinem Hang zu italienischen Schuhen«, sagte ich, und wieder lachten wir los. Mit Elli hatte man immer gute Laune.

Nach Hause fuhr ich über Waldstraßen, und als ich den Wagen vor der Tür parkte, erschien das Gesicht von Frau Lambertz, meiner Vermieterin, im Gardinenspalt. Sie runzelte die Stirn, machte mir ein Zeichen mit zwei Fingern. »Was möchte sie?« fragte Elli, und ich sagte: »Du mußt nicht flüstern. Ich soll ein Stück vorfahren, wegen der Müllkutscher morgen.«

Es war unglaublich warm in der Mansarde. Die Holzverschalung knackte vor Hitze. Wir beschlossen, eine Stunde zu schlafen, und ich duschte und zog mir einen Jogging-Anzug an. Auch Elli duschte und kam dann in mein Bett. Sie trug nur einen Slip, und es war wie in der Landshuter Straße. Sie kuschelte sich an mich, ließ so ein silbernes Seufzen hören und war auch schon weg.

Ich legte eine Hand auf ihren Rücken. Die Sommersprossen auf den Schultern sahen wie kleine Galaxien aus. Ich dachte an Richard und daran, daß wir kaum miteinander schliefen, eigentlich nie. Es fehlte mir auch nicht. Es war einfach nur gut, sich in Reichweite seiner Stimme zu bewegen; man kommt leichter mit seinem Leben überein, wenn ein Mann im Raum ist. Und ich stellte mir vor, daß ich zum Jahresende kündigen und in eine andere Stadt ziehen könnte, vielleicht sogar nach Berlin. Dann schmiegte ich mich an Elli und schlief ebenfalls ein.

Als wir aufwachten, blähte lauer Wind die Vorhänge, und wir aßen einen Krabbensalat direkt aus der Plastikdose, tranken Apfelschorle und probierten Sachen an. Wir wollten bummeln und später vielleicht in eine Diskothek; ich brachte noch rasch den Müll nach hinten. Frau Lambertz öffnete das Fenster.

»Schwester Constanze?« Die Anrede war ihr nicht abzugewöhnen, nicht einmal wenn ich im Bikini auf dem Rasen lag. »Haben Sie Besuch?«

Ich nickte. »Eine Freundin. Aus Berlin.«

Sie sah alarmiert aus, zog die Brauen zusammen.

»Ärztin«, log ich. »Bleibt ein paar Tage.«

»Oh! Und welches Fachgebiet?«

»Frauenleiden«, sagte ich, und sie zupfte an der Gardine, machte ihren kümmerlichen Mund.

»Ach Gott. Die hab ich ja nun nicht mehr ...«

In der Stadt kauften wir uns ein Eis und spazierten eingehakt von Schaufenster zu Schaufenster. Vor der Auslage eines Antiquariats blieb ich länger stehen, und Elli verschwand in einem Trödelladen auf der anderen Straßenseite, kam aber gleich wieder heraus. »Blöder Knacker«, murmelte sie, und dann zog sie mich in ein Geschäft für Schreibwaren und Künstlerbedarf, wo sie einen Satz vergoldeter Federn, einen Halter aus Rosenholz, handgeschöpftes Büttenpapier und ein Kristallglas voll chinesischer Tusche kaufte. Sie ließ sich alles einpacken. Der Preis war unglaublich. »Donnerwetter!« sagte ich. »Dafür, daß du auch in Zukunft nicht auf meine Briefe antworten wirst, bist du luxuriös ausgerüstet.«

Doch sie lächelte nur. »Erklär ich dir später.«

Wir gingen eine Pizza essen, und Elli erzählte ein bißchen von ihrer Arbeit und der Situation in der Wohngemeinschaft in Berlin. »Naja, Wohngemeinschaft, das hört sich so studentisch verlottert an. Aber wenn ich dir sage, was wir Miete zahlen ... Riesengroße Zimmer mit Emporen, zwei Bäder, Dachterrasse, Fußbodenheizung. Wirklich schön.«

»Und Olaf?« sagte ich.

Sie verzog das Gesicht. »Olaf hat Husten. Frag mich doch nicht immer nach dem! Es geht schon. Er hat was, das ich brauche, und ich hab was, das er braucht, fertig. Obwohl ... Naja, er ist schon ein Vieh. Manchmal komm ich mir wie sein Spucknapf vor. Und weißt du, was er neulich gesagt hat? – Wenn ich mit dir ausgehe, lerne ich die besten Frauen kennen. – Das denk dir mal!« Ich wischte ihr etwas Käse vom Kinn. »Was heißt das?«

»Na, was schon! Den Mops mit Glatze, meinst du, den würde jemand beachten ohne Garnierung?«

»Und die Garnierung bist du?«

»Genau. Ich bin die Petersilie.«

»Das scharfe Radieschen!« verbesserte ich, und sie lächelte traurig. Ich langte über den Tisch, streichelte ihren Unterarm. Die Haut war etwas zum Verrücktwerden; jedenfalls für Männer. Elli hatte die ganze Serviette in ihrer kleinen Faust zusammengepreßt. Die Augen wurden feucht.

»Es tut mir so gut, bei dir zu sein«, flüsterte sie. »Ich weiß oft gar nicht mehr, wo mir der Kopf steht. Sollte mir wirklich einen Satz Freundinnen zulegen in diesem Berlin.« Sie putzte sich die Nase – so laut, daß ich ein Grinsen unterdrücken mußte. Dann kramte sie nach ihren Zigaretten. »Aber jetzt haben wir genug von mir gequasselt, oder? Erzähl mal von dir. Ich will alles wissen. Ganz genau. Wann hattest du deinen letzten Eisprung, was verstehst du unter Liebe … Na los!«

»O Gott!« murmelte ich, und sie prustete in ihr Glas hinein. Dann stahl sie ein Stück Salami von meiner Pizza und rutschte vergnügt auf der Bank herum.

»Also gut, du hattest deine Chance. Dann erzähl ich dir jetzt, was Liebe ist. Ich meine, wie weißt du eigentlich, daß ein Mann für alle Zeit der richtige ist? Feuchte Hände? Schmetterlinge im Bauch? Feuer im Bett?« Sie schüttelte ihre Locken. »Alles Mist. Das kann auch am Frühling liegen. Oder am Sekt. – Aber wenn du ihn anschaust, wenn du in sein schönes Gesicht siehst und denkst, nein, fühlst: Das ist er. Von dem will ich alles. So sollen meine Kinder einmal aussehen ...«

»Na, der muß mir erst noch begegnen«, sagte ich, und sie riß die Augen weit auf.

»Echt wahr? Das stimmt nicht. Das nehme ich dir nicht ab. Hast du noch nie ein Kind von einem Mann gewollt?«

»Nicht, daß ich wüßte.«

»Auch nicht von deiner ersten großen Liebe? Von diesem Reitlehrer, oder was der war?«

»Nein! Der doch nicht. Der hat mich nur defloriert. Meine erste *Liebe*, das war ein anderer, ein süßer Junge. Aber davon habe ich dir erzählt, oder?«

Sie schien zu grübeln, und ich sagte: »Doch. Wir waren beide fünfzehn, und er kam aus diesem Dorf bei Landau, hab den Namen vergessen. Er hatte so was Spanisches, Stolzes mit seinen schwarzen Haaren. Ein tolles Profil. Und gleichzeitig war er ganz sanft.«

»Und ihr habt nicht gebumst?«

»Ach wo, wir haben uns nur geküßt und so. Ich wollte noch nicht. Ich hatte mir vorgenommen, mit zwanzig zum ersten Mal ... Weiß auch nicht, warum.«

»Wie? Das hat der mitgemacht? Jahrelang Händchenhalten?«

»Das hätte er mitgemacht, sicher. Er liebte mich doch. Wir waren auf Schritt und Tritt zusammen. Obwohl seine Eltern es ihm verboten hatten. Ich kam denen irgendwie nicht recht. Er war nämlich Trompeter im Heimatverein, ein richtiges Talent, sollte später ins Musikcorps der Bundeswehr. Und meinetwegen ließ er manche Probe sausen ... Stell dir vor, einmal sperrten sie ihn ein mit seinen Noten, kurz vor einer geplanten Fahrradtour. Ich kam um die Ecke geklingelt; vor seinem Elternhaus wurde die Straße geteert. Er sah mich, riß das Fenster auf und sprang raus. War nicht hoch. Die Trompete hatte er sich unter den Arm geklemmt. Er stieg auf sein Rad, schmetterte ein Signal, so einen funkelnden Triumph: Da kommt der Alte aus dem Garten und flucht und hält ihn am Gepäckträger fest. Dann beschimpft er mich, Hure und alles – und plötzlich nimmt der Sohn das Instrument und schleudert es weit weg, direkt vor die Walze.«

Elli wollte mir noch Wein einschenken, doch ich hielt die Hand übers Glas. »Eine plattgewalzte Trompete im Teer, das war meine erste Liebe.«

»O Gott!« sagte sie. »Das hast du mir noch nie erzählt.«

»Aber sicher. Drei- oder viermal.«

»Nein! Dann wüßte ich doch, wie es ausging, oder? Wie gings aus?«

»Er ist tödlich verunglückt«, sagte ich. »Beim Militär. In der Grundausbildung. Aber auch das hab ich dir erzählt.«

Sie schüttelte den Kopf, hielt sich eine Hand vor den Mund. Wieder wurden ihre Augen feucht, und dafür liebte ich sie plötzlich. Der Kaffee kam, und der Kellner gab Elli Feuer. Er machte es mit großer Geste, ein perfekter Operetten-Italiener, und schon lächelte sie wieder. »Und du hast wirklich bis zwanzig gewartet?«

Ich nickte. »An meinem Geburtstag, genau eine Stunde nach Mitternacht ... Und ich tats in Gedanken mit meinem Trompeter. War doch nett von mir, oder?« Aber plötzlich fielen die Groschen. »He! Wieso fragst du mich eigentlich danach? Was soll dieses Gezwitscher von Liebe und so? Gehe ich etwa recht in der Annahme, daß klein Elli ...«

Sie lachte breit und zeigte allen die Pizzareste zwischen ihren Zähnen. Gleichzeitig wurde sie rot. »Nein, nein!« Rasch zog sie an ihrer Zigarette, blies den Rauch zur Lampe hoch. »Komm, laß uns gehen. Erklär ich dir später.«

Ich zahlte an der Kasse. Elli, meine Jacke über dem Arm, wartete vor der Tür. Es war eine leichte Leinenjacke mit ovalen Perlmuttknöpfen, und als ich sie entgegennahm, war sie plötzlich schwer. Ich langte in die Tasche: Eine Glaskugel, mehr als faustgroß, ein Paperweight, in das eine Art Orchidee eingegossen war, violett und weiß, mit zarten orangefarbenen Rändern. Die Schönheit verschlug mir den Atem, und Elli sagte: »Damit kannst du dann die Briefe beschweren, die ich dir nicht geschrieben hab.«

Um tanzen zu gehen, war es noch zu früh, und wir spazierten Arm in Arm über die alte Brücke und setzten uns in die kleine Bar neben dem »Goldenen Hirschen«. Ich bestellte Wodka mit Limonensaft und einem Schuß Anis.

»Also ...«, sagte Elli und leckte den Zuckerrand vom Glas. Sie schlug ein Bein übers andere, wobei ihr der bunte Fiorrucci-Schuh von der Hacke schlappte. Ihr dünner Rock war sehr kurz, und an dem muskulösen Oberschenkel gab es eine lange glänzende Mulde. Ich dachte plötzlich an ihre Abtreibungen, vier mittlerweile, und dann erzählte sie von Jens, und daß sie das Gefühl habe, kurz vor dem Durchdrehen zu stehen ... Sie hatte ihn vor drei Wochen zum ersten Mal getroffen, auf einer Vernissage, und war gleich »hinüber« gewesen. »Dieser Gang, weißt du. Absolut frei. Ich kriegte eine Gänsehaut und starrte ihn immerzu an. Und dann steckt mir der Olaf Eis in die Bluse.«

Ein paar Tage später sah sie ihn im »Dschungel« wieder. Diesmal war sie allein; sie tranken etwas an der Bar, tanzten ein bißchen und gingen bald zu ihm. Sie mußte im Korridor warten, bis er die Vorhänge in dem großen Raum zugezogen hatte, und sie redeten und tranken Wein, stundenlang. »Ich dachte schon, er würde mich *nie* anfassen«, sagte sie. »Er legte immer wieder die Stranglers auf. Strange Little Girl. Aber dann ... O Gott, es war furchtbar. Ich meine, es war unglaublich. Wir haben gefickt wie Romeo und Julia. Ich mußte dauernd heulen. Hast du sowas schon mal erlebt?«

Ich antwortete nicht, und sie bestellte noch zwei Cocktails und sagte: »Und natürlich ist wieder alles total verfahren. Mir kniet dieser Dicke auf dem Rock, und er ist auch nicht frei. Seine Freundin wohnt im Seitenflügel, das stell dir vor! Sie ist Lehrerin. Also können wir uns höchstens vormittags treffen. Aber da muß er schlafen, weil er doch nachts arbeitet! Herrje, das macht mich noch mal krank. Hab jetzt schon 'ne Arhythmie.«

Sie schloß die Augen, und ich griff nach ihrer Hand, fühlte ihren Puls. »Hast du nicht.« Sie stieß leise auf. »Was ist er denn von Beruf?«

»Weiß nicht. Künstler. Hat mich sogar schon porträtiert. Aber nur in Kreide. Ich hab das Bild unterm Bett versteckt. Wenn der Olaf das sähe ...«

Wir saßen auf einer dieser gepolsterten Bänke und hatten das Lokal gut im Blick. Ein paar Kerle glotzten von der Bar herüber, und einer hob sogar sein Bier, prostete uns zu. Elli legte den Kopf an meine Schulter. »Er ist so hübsch, du glaubst es nicht. Schlank und scheu, und eine Haut wie ein Mädchen. Alles an ihm schmeckt gut. Zum ersten Mal im Leben habe ich das Gefühl, daß ein Mann ganz für mich da ist.« Sie seufzte, biß sich auf die Unterlippe. »Und weißt du …« Sie flüsterte plötzlich, malte mit dem Finger Ornamente auf den Tisch, immer schneller. Dann zerrte sie an ihrem Rock. »Er hat einen so … leuchtenden Schwanz!«

Ich lachte auf, stieß sie weg.

»Doch!« beharrte sie, ebenfalls lächelnd. Und mit gespielter Strenge: »Aber das geht dich eigentlich nichts an, oder? Nachher machst du ihn mir abspenstig.«

Ich nahm eine von ihren Zigaretten. »Bin bestens versorgt, danke. Und wie gehts jetzt weiter mit euch?«

»Ach …« Sie winkte ab. »Ich würd ja sofort durchbrennen mit ihm. Aber er? Ich glaub, er hängt an dieser Lehrerin. Sie kriegen wohl ein Kind. Doch jetzt ist er erstmal in Italien.«

»Allein?«

Sie nickte. »Studienreise. Er zeichnet diese alten Schinken ab, die Skulpturen. Rom, Florenz, Neapel. Und ich verschimmle hier vor Sehnsucht.«

Mit den Fingerrücken streichelte ich ihre Wange, und wieder riß sie die Augen weit auf und sagte: »Aber stell dir vor, meinetwegen läßt er Venedig sausen. Das ist doch schon mal was, oder?«

»Wie, deinetwegen?«

»Naja, seiner Tussi sagt er, daß er da hinfährt und alles abkupfert. Doch er steigt in Verona aus und trampt dann hier hoch.«

»Er trampt?«

»Klar. In Italien nicht, da sind die Züge billig. Aber dann … Er ist ja nicht so reich wie Olaf, weißt du. Ist mir aber egal. Der Dicke jettet übers Wochenende nach New York und bringt mir nichtmal ’n Donut mit.«

»Moment jetzt«, sagte ich. »Wie meinst du das? Dein Jan kommt hierher?«

»Jens!« Sie war blaß geworden, malte wieder Ornamente auf den Tisch. »Es ist dir nicht recht, oder? Bitte, sei ehrlich, ja? Wenn es dir nicht recht ist, blase ich alles wieder ab. Wir können auch in eine Pension gehen. Oder auf den Campingplatz. Wir haben doch nur die zwei Tage! Endlich einmal ungestört.«

Sie gab mir Feuer. »Bist du jetzt enttäuscht? Sag! Ach Mensch, Conni, du siehst mich so komisch an. Sei nicht enttäuscht, ja? Natürlich hätte ich dir schreiben können. Aber du kennst mich doch. Bin nur knapp an der Legasthenie vorbeigeschrammt. Schreiben ist echt nicht mein Ding. Ich hab alle deine Briefe aufgehoben. Ehrenwort. Hab sie immer wieder gelesen. Besonders den von der Nordsee, erinnerst du dich? Wo du den toten Vogel gefunden hast, dieses riesige Ding. *Von der Flut tief in den Sand gespült.*«

Der Keeper brachte zwei Drinks, die wir nicht bestellt hatten. Er wies mit einer Kopfbewegung auf die Männer an der Bar. Wir ließen sie erst mal stehen, und Elli sagte: »Ich mußte fast weinen bei der Formulierung. Wirklich. Habs mir immer wieder vorgesprochen. Du bist so vornehm. Du hast einfach Stil. Und ich altes Trampeltier … Ich hab mir ausgemalt, wie du so einsam über den Strand gehst in deinem langen Kaschmirmantel, der Himmel grau, und du findest nichts als diesen Vogel: Von der Flut tief in den Sand gespült …«

Sie weinte nun wirklich, und ich zog sie wieder an mich, schmunzelte in ihr Haar hinein. Sie schlang beide Arme um meine Taille, und ihre Tränen, von der Schminke gefärbt, tropften auf meine Bluse.

Am nächsten Tag gab es zum Glück nicht viel zu tun. Ich

hatte kaum geschlafen; Elli schnarchte immer, wenn sie zuviel trank, und weiß Gott, wir hatten viel getrunken. Ich arbeitete den ganzen Tag wie unter Wasser. Drei Schrittmacher, mit viel Zeit dazwischen, und ich drückte die Beine gegen den Heizkörper und träumte zum Fenster hinaus.

Ein Hauch von Herbst lag über den Bäumen, und ich dachte an Richard und seine immer etwas stoppelige Brust. Seine Frau wollte, daß er sich die Haare dort rasierte. Im Waschraum war eine Besprechung, und als ich mich umdrehte, sah mich einer der Chirurgen an. Er stand in der hintersten Reihe und schien sich nicht im geringsten für die Ausführungen des Chefs zu interessieren. Er hatte mein Alter, doch das Blau seiner Augen kam mir verlogen vor. Ich streckte ihm die Zunge raus und machte Feierabend.

Die Mülltonne stand noch auf dem Bürgersteig. Ich ließ sie stehen. Es roch nach Knoblauch und Tomatensoße, schon im Treppenhaus. Der Tisch war gedeckt, Kerzen brannten in der Sonne, und in dem großen Topf brodelte Wasser. Die beiden hockten vor der Anrichte und schnippelten Gurken und Möhren für den Salat. Sie trugen noch ihre Straßenschuhe.

Elli kam in den Flur, umarmte mich und sah mir prüfend ins Gesicht. Sie hatte eine Seidenbluse an, cremefarben. »Müde?« Ich nickte und zuckte mit den Schultern zugleich, und sie gab mir einen Kuß auf die Wange und führte mich in die Küche, zu ihrem Jens. Wir gaben uns die Hand. Seinen ersten Blick hatte ich natürlich schon in der Tür registriert und dachte: Kannst du vergessen.

Aber hübsch war er doch. Er trug zerschabte Cowboystiefel, schwarze Jeans und ein sauberes weißes Hemd, ungebügelt. Die Haare waren dunkel und leicht gewellt, die Augen braun, und er bedankte sich artig für meine Gastfreundschaft, und so weiter. Dabei siezte er mich. »Gern geschehen«, sagte ich. »Jungen Verliebten muß man helfen, wo man kann.«

Elli grinste, fragte, wie mein Tag gewesen sei, und ich sagte: »Okay.« Sie stellte eine große Weinschorle auf den Tisch, ein Halbliterglas. Es gab Nudeln und Salat, und Jens erzählte, wo überall er gewesen war in Italien. Seine Stimme gefiel mir; sanft, defensiv und doch voll Kraft; ich mußte an diese Pastellkreiden denken. Er aß eine Menge, streute sich immer wieder Käse über die Spaghetti, trank aber keinen Schluck. Elli und ich hatten das große Glas schon fast geleert, und ich stand auf und machte ihm eine Weinschorle in einem kleineren.

Sie stutzte. »Wieso das?« Sie hatte etwas Soße an der Unterlippe, starrte ihn an. »Magst du nicht mit uns aus einem Glas trinken? Sind wir dir nicht fein genug?«

Er lächelte verlegen, hob die Schultern, und ich sagte: »Nun laß ihn mal. Er ist halt nicht aus der Pfalz; er kennt das nicht.«

»Na und?« Sie sah verblüfft von ihm zu mir. »Deswegen kann er doch mit uns aus einem Glas trinken, oder?«

Ich schob Jens die frische Schorle hin, gab Elli einen Klaps und sagte: »Ruhe jetzt. Brav sein und essen.«

Dann machte ich Kaffee, und weil plötzlich niemand etwas sagte, erzählte ich ein bißchen von der Station und daß ich das Gefühl hätte, immer mehr abzustumpfen in dem Job. Jens bot uns italienische Zigaretten an. Er nannte Elli Elisabeth, und sie tippte sich an die Stirn und sagte: »Wir sind alle milieugeschädigt. Wenn du dich mit einer Krankenschwester einläßt, mußt du damit rechnen, daß sie beim Vögeln ›Tatort‹ guckt. Und nebenbei deine Prostata betastet.«

Wir lachten, was die Luft ein bißchen erfrischte, und ich

kippte meinen Espresso. »Wir haben einen Patienten, Herrn Pölz, etwas über siebzig, der hat jetzt die dritte Klappe in zwei Jahren gekriegt. Und nach der OP standen wieder alle um sein Bett herum, Studenten, Ärzte, Oberärzte und der Chef, stolz wie Oskar: Na, mein Lieber, haben wir das nicht phantastisch gemacht? Und er: Ach was. Solange ihr mir keine anständige Frau besorgt, kann ich euch doch gar nicht ernst nehmen!«

Elli kreischte, hielt sich eine Hand vor den Mund und drehte sich weg. Mit dem Daumennagel fuhr sie sich durch die Zahnzwischenräume. Auch ihr Freund lächelte, aber eher höflich. Er schaute mich einfach an, und ich stellte die Sahne in den Eisschrank zurück und stieß die Tür mit der Hüfte zu. Natürlich hatte Herr Pölz das nicht gesagt. Aber er hätte es sagen können. Es war sein Ton.

Ich warf die Autoschlüssel auf den Tisch. »Mich müßt ihr abschreiben heute. Ihr nehmt am besten mein Schlafzimmer, die Matratze ist breiter. Und ab zwanzig Uhr bitte keine Cowboystiefel oder Stöckelschuhe mehr, sonst habt ihr den Hausdrachen am Hals.« Dann legte ich mich auf die Couch, zog mir die Wolldecke unters Kinn und schlief auch schon ein.

Als ich wach wurde, waren die Täubchen ausgeflogen; das Auto stand nicht vor der Tür. Mein Bett war gemacht, die Tagesdecke straff gespannt. In der Ecke lehnte ein Seesack, und über dem Stuhl hing eine Jeansjacke, ausgebleicht und zerfranst und mit Stickern am Kragen: ein schwarzer Stern, ein roter Stern, ein Saxophon, winzig. Ich strich mit den Fingern darüber, den Nagelrücken. Dann aß ich etwas Käse, trank ein Glas Bier, legte mich im Morgenmantel aufs Sofa und stellte den Fernseher an. Schlief aber bald wieder ein.

Irgendwann nachts hörte ich sie in der Küche flüstern. Dann

ging etwas zu Bruch, wahrscheinlich im Bad, und jemand nahm das Kehrblech aus dem Schrank. Sie duschten ausgiebig, die Füße knarzten endlos in der Wanne. Elli kicherte. Mein Bett stand nicht sehr fest, das hatte ich vergessen. Eine Viertelstunde wummerte das Kopfende gegen die Wand, bis jemand darauf kam, ein Kissen hinter die Messingstangen zu schieben, vermutlich er. Die Kleine miaute leise, und manchmal entfuhr ihr ein Schrei, den sie aber gleich erstickte. Das Vibrieren der dünnen Zwischenwand war mit den Fingerspitzen zu fühlen.

Als ich am nächsten Tag von der Arbeit kam, schliefen sie noch oder schon wieder, und ich badete und zog mir frische Sachen an. Dann brachte ich den Müll weg und ging zu meinem Auto. Frau Lambertz öffnete das Fenster. »Sagen Sie mal, Schwester Constanze, wieviel Leute sind denn bei Ihnen?«

»Meine Freundin und ihr Freund«, antwortete ich. »Nach Adam Riese zwei.«

»Ach so. Und was soll das nun werden da oben? Ein Bordell?«

Ich ließ sie stehen und fuhr in die Stadt. Nachdem ich ein paar Einkäufe gemacht hatte, ging ich ins Kino, »Out of Africa«, zum zweiten Mal, und anschließend wählte ich Richards Nummer. Ich hatte Glück, er selbst war am Apparat, und wir verabredeten uns auf eine Tasse Schokolade in der Bar des »Vierjahreszeiten«. Das war unser Versteck.

Er kam mit dem Hund seiner Frau, einem Irish Setter, und wir setzten uns in die Nische hinter den herabhängenden Pflanzen, Kunststoff, und tranken Cognac zur Schokolade. Im Innenhof plätscherte der kleine Brunnen. Richard hatte wohl Sorgen, erzählte mir von der bevorstehenden Scheidung seines Ältesten, doch ich hörte nicht richtig zu. Ich überlegte, was mich befremdete an ihm. Irgend etwas Angenehmes. Er roch gut, wie immer, aber statt Hemd und Krawatte trug er ein schwarzes T-Shirt unter dem Sakko, und ich biß in sein Ohrläppchen und sagte: »Eigentlich könnten wir mal rasch auf die Toilette, oder?«

Er hob den Kopf. Trotz des Alters war sein Hals noch schön. Muskulös. Er schwamm. »Ist das dein Ernst?« Dann wußte er nicht, wo er hinsehen sollte, und wickelte sich die Leine um die Hand. Daß sie nie wirklich erwachsen werden, ist vielleicht das Rührendste an Männern. »Und wer achtet so lange auf Flex?«

Ich lachte. »Bravo! Zu Hause schiebst du den Hund vor, um dich mit deiner Geliebten zu treffen – bei der du dann den Hund vorschiebst, um sie nicht lieben zu müssen ...? Wie nennt man das in der Mathematik?«

Er schämte sich, und das tat mir leid. Wir bestellten noch zwei Cognac, und er fragte mich nach seinem Exemplar von Hamsuns »Hunger«. Ob ich es schon ausgelesen hätte. Ich erzählte ihm, daß ich wohl kündigen würde, und er nickte und streichelte meine Hände. Seine Schwiegertochter sei so alt wie ich, sagte er. So jung. Dann küßte er mich auf die Stirn und ging nach Hause.

Sechs Wochen später kam ein Brief von Elli, ein kleines, aus dem Ringbuch gerissenes Blatt. Sie sei schwanger gewesen, habe jedoch schon abgetrieben. Die Sache mit Jens sei vorbei. Olaf habe ihr einen Antrag gemacht, im Frühjahr brauche sie mich als Brautjungfer, und überhaupt: »Komm nach Berlin. Komm schnell. Ich hab hier keine richtige Freundin. Nicht eine. Und die Kerle können mir langsam gestohlen bleiben. – Deine Dich liebende Elli (von der Flut tief in den Sand gespült).«

LILY BRETT
Liebe

Ich war immer auf die Liebe erpicht. Ich bin es heute noch. Ich bin eine unheilbare Kupplerin. Meine erfolglosen Kuppelversuche scheinen mich nicht abzuschrecken. Im jüdischen Leben waren die Heiratsvermittler immer hochgeachtet. Sie werden als Menschen angesehen, die Gottes Werk verrichten. Ich war eine schreckliche Versagerin in dieser geistlichen Kunstform.

Ich habe Leute verkuppelt, die einander gleich danach nicht mehr ausstehen konnten, und ich habe Leute verkuppelt, die drei Jahre gemeinsamen Ehelebens brauchten, bevor sie sich zu hassen begannen. Ich habe Freunde einander vorgestellt und Menschen, die einander ebenso fremd waren wie mir. Ich habe mich bei zufriedenen Singles eingemischt und ihnen zu verstehen gegeben, ihre Zufriedenheit würde bald ein Ende finden, wenn sie nicht den Menschen kennenlernten, den ich für sie vorgesehen hatte.

Ich habe mir überlegt, Liebestränke zu mischen, und habe alte Mythen ausprobiert. Gimpels Hoor schien sehr vielversprechend zu sein. Dem Mythos zufolge schwor Gimpel, ein alter Jude, auf seine Methode. Man nahm ein Haar der einen Person, schnitt es in kleine Stücke, mischte es unter das Essen und sorgte dafür, daß die andere Person es aß. Diese Person würde sich dann sicherlich in den Spender des Haares verlieben. Garantiescheine für den Erfolg gab es nicht. Ich habe es mit Gimpels Hoor mehrmals versucht. Dem Mythos zufolge konnte das Haar von jedem Körperteil stammen. Ich probierte es mit Kopfhaaren, Achselhaaren, Schamhaaren. Nichts hat funktioniert.

Vor kurzem habe ich versucht, meinen Vater zu verkuppeln. Ich würde allerdings jedem davon abraten, Vater oder Mutter verkuppeln zu wollen.

Mein Vater lebte wieder allein in Melbourne. Ich wußte, daß er einsam war. Der Gedanke daran war mir unerträglich. Ich wußte, er wäre ein anderer Mensch, wenn es jemanden gäbe, mit dem er etwas unternehmen und gemeinsame Erlebnisse teilen könnte. Ich schlug ihm vor, einem jüdischen Verein beizutreten, aber er ärgerte sich über meinen Vorschlag. »Mir geht's gut, so wie es ist«, sagte er. Aber er hörte sich nicht gut an. »Jeden Tag dasselbe«, sagte er jedesmal, wenn ich ihn anrief. Er langweilte sich, und er war einsam.

Er versuchte, Arbeit zu finden. Er bewarb sich um einen Job als Zuschneider, eine Tätigkeit, die er vor Jahrzehnten in Kleiderfabriken ausgeübt hatte. Er log, was sein Alter betraf. Er behauptete, neunundsechzig zu sein statt neunundsiebzig. Er hatte keinen Erfolg. Zweimal hieß es, man sei an seiner Bewerbung interessiert und würde zurückrufen. Doch die Jobs gingen an jüngere Leute.

Ich verstand nicht ganz, warum er nicht bereit war, freiwillig in einer Hilfsorganisation mitzuarbeiten. Für ihn war das, glaube ich, ein Zeichen seiner Wertlosigkeit. Ein bezahlter Job, wie gering die Bezahlung auch gewesen wäre, hätte bedeutet, daß er immer noch etwas wert war, daß er noch über Qualitäten und Fähigkeiten verfügte, die geschätzt wurden. Woche für Woche studierte er die Zeitschrift *Age* auf der Suche nach Arbeit. Zuschneider wurden nur sehr selten gesucht, und wenn, dann bekam er den Job nicht.

Ich entschied, daß die Lösung eine Ehefrau wäre, und begab mich auf die Suche. Ich rief Freunde in Melbourne an und fragte, ob sie vielleicht eine alleinstehende Frau kennen würden, die ich mit meinem Vater bekannt machen könnte. Diese Frage schien die Leute zu verblüffen. Selbst jene, die eine verwitwete Mutter hatten, schienen kein großes Interesse daran zu haben, aktiv zu werden.

Ich erwog eine Anzeige in den *Jewish News*. Ich fragte meine beste Freundin, ob sie die Antworten sichten würde. Sie sagte zu, aber sie war auch besorgt. Sie sagte, sie sei sich nicht sicher, welche Art von Frau ich suchte.

»Eine sehr nette«, sagte ich.

»Großartig«, sagte sie. »Sie werden alle sehr nett sein. Könntest du dich vielleicht etwas präziser äußern?«

Ich dachte an präzisere Dinge. Wie alt sollte sie sein? Ich fragte meinen Sohn nach seiner Meinung.

»Eine, die jünger ist als Grampa, finde ich«, sagte er. »Es sollte keine sein, die schon von Anfang an Grampas Hilfe in Anspruch nehmen muß.« Ich fand, daß er recht hatte.

»Wie wär's mit siebzig?« sagte ich.

»Wie wär's mit sechzig?« sagte mein Sohn.

»Sechzig, das ist nur ungefähr zehn Jahre älter als ich«, sagte ich. »Das kommt mir unziemlich vor.«

»Ich finde nicht, daß sechzig unziemlich wäre«, meinte mein Mann. »Das findest du bloß, weil er nicht dein Vater ist«, sagte ich. Etwas Präziseres als jemand Nettes fiel mir nicht ein. Ich konnte mich noch nicht einmal auf ein gewünschtes Alter festlegen. Wir haben nie inseriert.

Doch ich hörte von einer Frau. Eine Bekannte erzählte mir von ihr. Für mich klang sie genau richtig. B. war Mitte bis

Ende Sechzig. Nicht zu alt und nicht zu jung. Und sie wohnte nur wenige Häuserblocks von meinem Vater entfernt. Sie war intelligent, aber keine Intellektuelle. Sie war kultiviert, aber nicht überkultiviert. Sie war verwitwet, und sie reiste gern. Ich stellte mir vor, wie mein Vater mit B. nach New York kommen würde, um uns zu besuchen. Ich hatte Phantasien von B. und meinem Vater, wie sie dem Melbourner Winter in Queensland entfliehen.

Ich rief B. von New York aus an. Ich erklärte ihr die Situation. Ihre Freundin hatte ihr mitgeteilt, daß ich sie anrufen würde. Sie war mir sympathisch. Sie war wohlartikuliert und gescheit. Ursprünglich kam sie aus England. Seit dreißig Jahren lebte sie in Australien.

Ich erzählte ihr ein bißchen über meinen Vater. Oder zumindest hatte ich das vor. Statt dessen redete ich länger als eine Stunde ununterbrochen über ihn. Als ich fertig war, gab es keinen Mann der Welt, der meinem Vater in bezug auf Freundlichkeit, Geduld, Toleranz, Zärtlichkeit, Wärme und Großzügigkeit das Wasser hätte reichen können. B. sagte, sie könne es kaum erwarten, ihn kennenzulernen. Wie es der Zufall wollte, fuhr ich für eine Lesereise nach Australien. Ich vereinbarte mit B., sie in zwei Wochen, nach meiner Ankunft in Melbourne, anzurufen.

»Wie sieht sie aus?« sagte mein Sohn, ais ich ihm das erzählte.

»Ich hätte sie doch nicht fragen können, wie sie aussieht«, sagte ich. »Das wäre unhöflich gewesen.« Und dann hielt ich ihm einen Vortrag darüber, wie unwesentlich das Aussehen eines Menschen ist, wenn es um die Liebe geht. »Es geht um bedeutendere Dinge als das Aussehen«, sagte ich.

»O ja«, sagte er. »Deshalb hast du auch zwei gutaussehende Burschen geheiratet.«

»Was wird Grampa dazu sagen?« fragte meine jüngste Tochter.

»Ich bin mir nicht sicher«, sagte ich. Mein Vater hatte keine Ahnung von meinen Plänen. Ich wußte, daß er nicht damit einverstanden wäre. Wie ich ihn dazu bringen könnte, B. kennenzulernen, sollte mir noch einiges Kopfzerbrechen bereiten.

Schließlich fragte ich ihn, ob er mir versprechen würde, etwas für mich zu tun, ohne genau zu wissen, was es war. Er war sehr mißtrauisch. »Es geht nur um zwei oder drei Stunden deiner Zeit«, sagte ich. »Es wird dir nichts geschehen.«

»Bist du sicher?« sagte er.

Als er erfuhr, worauf er sich eingelassen hatte, wurde er furchtbar wütend. Er wollte das Ganze rückgängig machen. Aber ich ließ ihn nicht. »Hast du ihr gesagt, daß ich kein Geld habe?« sagte er.

»Ich habe ihr alles gesagt«, sagte ich. Er zählte die Quellen seines Einkommens auf.

»Hast du ihr das gesagt?« sagte er.

»Ich bin nicht so ins Detail gegangen«, sagte ich. »Aber im großen und ganzen weiß sie Bescheid.« Zwei Tage später war er immer noch böse. »Wie konntest du mir das antun?« sagte er.

»Ich habe das aus Liebe zu dir getan«, sagte ich. Er schnaubte.

»Ich glaube, wir sollten zu dieser Verabredung von B. und meinem Vater mitgehen«, sagte ich zu meinem Mann.

»Du und ich?« sagte er.

»Das habe ich mit wir gemeint«, sagte ich.

»Warum?« sagte er.

»Ich weiß es nicht«, sagte ich. »Ich habe so ein Gefühl im Bauch.«

Mein Mann ist meinen Gefühlen im Bauch immer gefolgt. Nicht alle haben sich als richtig erwiesen. Zögernd erklärte er sich einverstanden. Mein Vater war sehr erleichtert, als ich ihm mitteilte, daß mein Mann und ich bei seiner Verabredung mit B. dabeisein würden. »Danke schön«, sagte er. Er sah so dankbar aus, daß mein Vertrauen in die ganze Angelegenheit zu schwinden begann.

Ich rief B. an, um eine Verabredung zum Abendessen zu treffen. Es war Sonntag. Ich schlug Donnerstag vor. »Sagen wir Donnerstag in einer Woche?« sagte sie. »Um ehrlich zu sein, ich muß zum Friseur. Ich muß mir die Haare mal wieder schneiden lassen. Und neue Schuhe brauche ich auch.«

»Machen Sie sich nicht zuviel Mühe«, sagte ich, »Mein Vater ist sehr ungezwungen. Er ist kein förmlicher Mensch.«

Mein Vater wurde noch ungezwungener, als er von dem Aufschub von einer Woche hörte. »Vielleicht solltest du dir auch die Haare schneiden lassen«, sagte ich zu ihm.

»Okay, okay«, sagte er.

»Und hast du gute Schuhe?« fragte ich ihn.

»Selbstverständlich«, sagte er. »Aber ich werde mich nicht herausputzen. Ich gehe so, wie ich bin, ein einfacher Mann. Ich ziehe die Hose und die Schuhe an, die ich immer anhabe.«

»Du meinst doch nicht die Hose, die du jeden Tag trägst«, sagte ich.

»Doch«, sagte er. »Das ist eine gute Hose.«

»Die war vielleicht vor zehn Jahren gut«, sagte ich. »Bitte zieh' deinen Anzug an.«

»Vielleicht«, sagte er.

Ich rief B. ein paarmal an, damit sie sich mit mir wohler fühlte. Ich glaubte, das würde beruhigend wirken. Ich mochte sie wirklich gern. Mein Mann telefonierte mit ihr. Auch er mochte sie gern. Für mich schien sie die perfekte Frau für meinen Vater zu sein. Es störte sie nicht, daß er kein wohlhabender Mann war. Sie liebte die Geschichten, die ich ihr über ihn erzählte. »B. wird sehr gut in unsere Familie passen«, sagte ich zu meiner älteren Tochter, als sie aus New York anrief.

Mein Vater fragte mich viermal, ob wir das Essen nicht absagen könnten. Wir hatten in einem ruhigen, sehr guten Restaurant am Stadtrand einen Tisch für vier Personen bestellt. Wir hatten vereinbart, uns dort um sieben Uhr zu treffen. Ich hatte meinem Vater versprochen, um sechs Uhr fünfundvierzig da zu sein.

Am Tag der Verabredung rief mein Vater mich um fünf Uhr nachmittags an. Er war in Panik.

»Stimmt was nicht?« sagte ich.

»Ich habe ein kleines Problem«, sagte er. »Du bist schuld. Du wolltest, daß ich einen Anzug trage. Also habe ich den Anzug in die Reinigung gebracht.«

»Sie haben ihn doch nicht etwa verloren?« sagte ich. Ich wußte, daß für einen neuen Anzug keine Zeit mehr blieb.

»Nein«, sagte mein Vater. »Der Anzug ist sogar sehr schön geworden.«

»Was ist es dann?« sagte ich. Ich spürte, wie mein Blutdruck stieg, während ich mich für das Problem wappnete.

»Was es ist«, sagte mein Vater, »ist, daß der Reißverschluß an der Hose kaputtgegangen ist. Könnte ich nicht meine graue Hose anziehen?«

»Die, die du jeden Tag anhast?« sagte ich. »Nein, das könntest du nicht.«

»Und die blaue Hose?« sagte er.

»Die hellblaue Hose, die du in Florida anhattest? Die würde dumm aussehen«, sagte ich in einem schärferen Ton als beabsichtigt. »Ich weiß nicht, was wir tun können«, sagte ich.

»Es ist Viertel nach fünf«, sagte mein Vater. »Ich springe jetzt ins Auto und versuche, den Schneider in der Alma Road zu erwischen.« Er legte auf, und ich fragte mich, wie lächerlich seine hellblaue Hose zu seiner anthrazitfarbenen Anzugjacke aussehen würde. Absolut lächerlich, entschied ich.

Um sechs Uhr rief mein Vater noch einmal an. »Der Schneider hatte schon zu«, sagte er.

»O nein«, sagte ich.

»Mach' dir keine Sorgen«, sagte mein Vater. »Ich habe alles in Ordnung gebracht.«

»Wie?« sagte ich.

»Ich habe den Reißverschluß zugenäht«, sagte er. »Ich habe ihn zugenäht, während ich die Hose anhatte. Ich hab' kurze, kleine Stiche gemacht. Es fällt überhaupt nicht auf.« Mein Vater hat mich oft sprachlos gemacht. Ich war fast sprachlos.

»Und wenn du auf die Toilette mußt?« sagte ich.

»Ich warte, bis ich nach Hause komme«, sagte er.

Mein Vater, der sich in Melbourne bestens auskennt, fragte noch einmal, wo genau das Restaurant sei. Ich sagte es ihm noch einmal. »Wie finde ich dich in dem Restaurant?« sagte er.

»Es ist nicht sehr groß«, sagte ich. »Du siehst mich schon.«

»Wo wirst du sitzen?« sagte er.

»Keine Ahnung«, sagte ich. »Aber ich verspreche dir, vor dir dort zu sein. Ich werde die Tür im Auge behalten. Dann sehe ich dich, sobald du hereinkommst.« Er klang sehr nervös, und ich war auch aufgeregt. »Fahr' vorsichtig«, sagte ich zu ihm.

»Wäre es nicht wunderbar«, sagte ich zu meinem Mann, »wenn sich herausstellte, daß die beiden sich gesucht und gefunden haben?«

»Wir brauchen nicht mehr lange zu warten, um das herauszufinden«, sagte mein Mann. »In zehn Minuten sollten beide hier sein.« Wir saßen an einem Tisch, von dem aus man den Eingang des Restaurants genau überblicken konnte. Ich ließ die Tür nicht aus meinen Augen. »Ich kann nicht glauben, daß er mit einem zugenähten Reißverschluß hier ankommt«, sagte ich. »Ich hätte ihm einen neuen Anzug kaufen sollen.«

»Das hätte er dich nicht lassen«, sagte mein Mann.

Ich fragte mich gerade, ob ich noch schnell auf die Toilette verschwinden könnte, als mein Vater hereinkam. Ich mußte zweimal hinsehen. So elegant hatte ich meinen Vater seit Jahren nicht gesehen. So gutaussehend. So schneidig. So vornehm. Er trug ein gestärktes weißes Hemd zu seinem Anzug. Und eine blaßgraue Seidenkrawatte mit dunkelgrauen und schwarzen Tupfen.

Er sah uns sofort.

»Du siehst fabelhaft aus«, sagte ich zu ihm.

»Jaja«, sagte er.

»Die Haare hast du dir auch schneiden lassen«, sagte ich.

»Ja, ich war beim Friseur«, sagte er. »Da ist ja wohl nichts dabei.« Unter der Schneidigkeit und dem strahlenden Äußeren wirkte er nervös. Es war die Nervösität eines Schuljungen. Eine Nervosität, die einen krank aussehen läßt. »Ich hätte nie damit einverstanden sein sollen«, sagte er. »Ich hätte mich nie von dir überreden lassen sollen. Aber du könntest ja jeden zu allem überreden.«

»Das Schlimmste, was passieren kann, Dad«, sagte ich, »ist, daß wir gemeinsam ein gutes Essen genießen.« Er stand auf. Einen Augenblick lang dachte ich, er würde gehen. »Siehst du meine Änderungen?« sagte er. Ich wußte nicht, wovon er sprach, dann fiel mir der Reißverschluß ein.

Ich wußte nicht, was ich tun sollte. Man kann in der Öffentlichkeit wohl kaum den Schritt seines Vaters inspizieren. Die meisten Leute würden so etwas ohnehin nicht tun wollen. »Es ist zu dunkel«, sagte ich. Er beugte sich vor. Ich warf einen flüchtigen Blick darauf. »Das hast du sehr gut gemacht«, sagte ich.

»Finde ich auch«, sagte er. »Ich hatte keinen schwarzen Zwirn, also habe ich dunkelblauen genommen, aber es fällt überhaupt nicht auf.«

»Ich glaube, da ist sie«, sagte mein Mann.

»Oij, oij, oij«, sagte mein Vater. Er sah blaß aus. B. hatte mir gesagt, sie würde ein smaragdgrünes Tuch tragen. Die Frau trug ein smaragdgrünes Tuch und sah sich nervös im Restaurant um. »Oij, oij, oij«, sagte mein Vater. »Du mußt sie begrüßen.« Ich stand auf und winkte B. zu. Sie sah sehr erleichtert aus und kam auf uns zu.

B. war nicht das, was ich erwartet hatte. Das smaragdgrüne Tuch war an ihrem Hals zu einer großen Schleife gebunden. Sie trug ein leuchtend rotes, kniefreies Kleid. Sie trug große, weiße Lederschuhe und schwarze Strümpfe. Ihr Haar stand seltsam von ihrem Kopf ab. Es war eine ziemlich wild aussehende, eine Art Grunge-Punk-Frisur. Ich war mir nicht sicher, ob sie ihr Vorhaben, zum Friseur zu gehen, noch hatte ausführen können. Ich mochte die Exzentrik ihrer Aufmachung, mir gefiel ihre verschrobene Art, sich zu kleiden. Doch die Individualität dieses Aufzugs machte auf meinen Vater keinen Eindruck. Für ihn war das alles Plunder. »Sie muß sehr arm sein«, sagte er auf jiddisch zu mir, bevor B. am Tisch eintraf. »Du mußt unbedingt ihre Rechnung bezahlen.«

Mein Vater war wie gelähmt. Er starrte unentwegt meinen Mann an. B. war schrecklich nervös. Ich schlug vor, daß wir bestellen sollten. B. suchte ihre Brille. Sie konnte sie nicht finden. Sie mußte den gesamten Inhalt ihrer Handtasche ausleeren, um die Brille zu finden. Der Tisch war von B.s Handtasche, ihrem Schlüssel, ihrem Lippenstift, ihrem Puder, einigen Papierschnitzeln und einer Pillenschachtel übersät. Sie entschuldigte sich ununterbrochen dafür, ihre Brille nicht finden zu können.

»Bestell' du für mich«, sagte mein Vater.

»Was hättest du gerne?« sagte ich.

»Irgendwas«, sagte er.

Ich versuchte, Gemeinsamkeiten zwischen den beiden zu finden. »Spielen Sie Karten?« sagte ich zu B.

»Nein«, sagte sie, »aber es macht mir nichts aus, wenn andere Leute Karten spielen.« Ihre Nervosität wirkte langsam herzzerreißend. Mein Vater schien nicht fähig zu sein, B. anzusehen. »Ich spiele Karten«, sagte er zu mir.

»Ich selbst spiele auch nicht«, sagte ich zu B. »Und meine Mutter hat nie Karten gespielt.«

Das Essen kam. B. betrachtete ihren im Ganzen gebratenen Barsch mit Pommes frites und sagte: »So eine Riesenmahlzeit habe ich schon lange nicht mehr gesehen.« Dann schwieg sie verlegen, als ob sie unbeabsichtigt etwas Anstößiges gesagt hätte. »Es ist das schönste Essen, das ich seit langem gesehen habe«, sagte sie.

»Meine Tochter speist dauernd in Restaurants«, sagte mein Vater zu mir. »Manchmal nimmt sie ihren Vater mit.« Ich hatte Kaninchenragout bestellt. Ich mag kein Ragout und esse sehr selten Kaninchen. Ich versuchte herauszufinden, welcher Teil des Kaninchens sich auf meinem Teller befand. Ich hatte Kopfweh.

Mein Mann kümmerte sich um B. Er erzählte ihr lustige Anekdoten aus New York und das eine und andere über unser Leben. »Sprechen Sie Jiddisch?« fragte er B.

»Nein, leider nicht«, sagte sie.

»Ich spreche Jiddisch«, sagte mein Vater zu mir.

Mein Vater versuchte, mit B. zu reden, aber er war so aufgeregt, daß er all sein Englisch vergaß. Die einfachsten Worte fielen ihm nicht mehr ein, und von dem, was er sagte, ergab nichts einen Sinn. B. versuchte zu verstehen, und ich versuchte zu übersetzen. Kurz bevor das Dessert serviert wurde, gaben wir auf.

Ich sprach mit meinem Vater, und B. plauderte mit meinem Mann. Mein Vater lebte auf. »Dieser Schokoladenkuchen ist wirklich ein sehr guter Schokoladenkuchen. Fast so gut wie der Schokoladenkuchen von Scheherezade«, sagte er.

»Bei Scheherezade gibt's keinen Schokoladenkuchen«, sagte ich. »Du meinst Monarch.«

»Dann meine ich eben Monarch«, sagte er. Langsam wurde er wieder der alte.

Als das Essen vorbei war, war B. soweit, meinen Mann zu heiraten. »Er ist ein wunderbarer Mann«, wiederholte sie ständig.

»Er ist wunderbar«, bestätigte ich ihr ständig.

»Wo hast du denn die aufgegabelt?« sagte mein Vater, nachdem wir B. zu ihrem Auto begleitet hatten.

»Was willst du damit sagen?« sagte ich. »Sie ist eine reizende Frau.«

»Aber wie sie aussieht«, sagte mein Vater. »Wer sieht denn so aus?«

»Bloß weil sie nicht so aussieht wie eine der perfekt frisierten Blondinen aus Caulfield heißt das noch lange nicht, daß sie merkwürdig ist«, sagte ich.

»Sie ist sehr merkwürdig«, sagte er. Ich war wütend.

»Wie kannst du jemand nach seinem Äußeren beurteilen?« sagte ich.

»Man braucht etwas zum Anschauen«, sagte er.

»Und für wenn hältst du dich?« sagte ich. »Cary Grant?«

Zwei Tage lang konnte ich nicht mit meinem Vater reden. Die Wut in mir empfand ich zum Teil im Namen aller Frauen, die nach ihrem Äußeren beurteilt werden. Schließlich beruhigte ich mich wieder. »Mein Vater braucht jemanden, der Karten spielt und Jiddisch spricht«, sagte ich zu meinem Mann. »Ich schätze, wir alle reagieren auf das, was uns vertraut ist«, fügte ich hinzu.

Ich rief B. an, um ihr zu sagen, daß mein Vater sie wirklich reizend gefunden habe, aber eigentlich nicht bereit sei, eine Beziehung einzugehen. Sie war sehr lieb. »Es war ein wunderbarer Abend«, sagte sie. »Es ist schon so lange her, daß ich in einem so schönen Restaurant war.« Das machte mich traurig.

Mein Vater, man muß es ihm lassen, rief B. an und sagte ihr, er habe sich sehr gefreut, sie kennenzulernen. Er habe den Abend und die Unterhaltung wirklich genossen, aber sein

Leben verliefe in geregelten Bahnen und er verspüre keinen Wunsch nach Veränderung. B. sagte, falls er jemals in der Nähe wäre, sollte er bei ihr vorbeischauen. Mein Vater sagte, daß er nur selten ausgehe. Ich beschloß, mich niemals mehr in Liebesdinge einzumischen.

Juden fürchten sich vor Einmischungen in die Liebe. Bei jüdischen Hochzeiten zerbricht der Bräutigam am Ende der Trauungszeremonie ein Glas, das er meistens zertritt. Die kabbalistische Erklärung hierfür lautet, daß es Dämonen gibt, die das Glück des jungen Paares zu stören beabsichtigen, und daß durch das Zerbrechen des Glases die bösen Geister besänftigt werden.

Eine andere Erklärung ist, daß der Lärm, den das Zerbrechen des Glases verursacht, die Menschen ermahnt, sich in den glücklichen Momenten des Lebens mit nüchternen Gedanken zu mäßigen. Ein Hinweis für das junge Paar, sich für alle Eventualitäten des Lebens zu wappnen.

Die australische Redbackspinne stirbt buchstäblich für die Liebe. Das sind jene Spinnen, bei denen das Weibchen das Männchen während der Kopulation verspeist. Manche Leute glauben, die Spinne stirbt für den Sex, aber ich ziehe es vor zu glauben, daß sie für die Liebe stirbt. Unlängst hat ein Wissenschaftler der Cornell University nachgewiesen, daß jene Redbackmännchen, die während der Kopulation gefressen wurden, proportional mehr Nachwuchs zeugten als die, deren Weibchen sie nicht verspeisten. Der Tod beim Sex, so behauptete der Wissenschaftler, hilft dem Redbackmännchen, seine Nachkommenschaft zu sichern, und hält das Weibchen anscheinend davon ab, von einem Rivalen befruchtet zu werden. Die *New York Times* brachte eine Geschichte über diese Entdeckung. Die Überschrift lautete: »Eine australische Spinnenart stirbt buchstäblich für die Liebe.«

In New York ist die Liebe ein ständig beschworener Begriff. »Ich *liebe* dich«, hört man von Leuten, die man kaum kennt. »Ich liebe dich«, »ich liebe ihn«, »ich liebe sie«. Bei den New Yorkern sitzt die Liebe sehr locker. Ich telefonierte mit einer australischen Filmproduzentin, die sich für die Filmrechte an einem meiner Bücher interessierte. Ich stellte ihr eine Frage und wartete auf ihre Antwort.

Ich wartete und wartete. Ich dachte, wir wären unterbrochen worden. Ich wartete noch ein wenig. Schließlich sagte ich: »Hallo, sind Sie noch da?« Sie war es.

»Ich bin Australierin«, sagte sie. »Wir reden erst, wenn wir etwas zu sagen haben. Ich denke über Ihre Frage nach.« Ich mußte lachen. Nach ihren Maßstäben war ich eindeutig eine exzessive, ungeduldige New Yorkerin.

Vielleicht bin ich das. Aber ich bin weit davon entfernt, zu allen Leuten »ich liebe dich« zu sagen. Meine Freundin Belinda Luscombe, die für die Gesellschaftsnachrichten des *Time Magazine* in New York zuständig ist, hatte ihren ersten Arbeitstag in der neuen Stelle, als sie einen Anruf von Tony Curtis erhielt. Belinda nahm den Anruf mit einer gewissen Beklommenheit entgegen. Dieser Posten war ihr erster guter Job in Amerika. »Hallo«, sagte sie.

»Belinda, ich *liebe* Ihre Kolumne«, sagte Tony Curtis.

ALBERT OSTERMAIER

reisebegleiter

für katrin

bitte verzeih mir wenn ich
manchmal etwas seltsam bin
dir eine schokolade auf den
beifahrersitz lege und mit
leuchtstift auf der karte die
ausfahrten markiere den cd
wechsler so programmiere
dass er dich beim starten mit
einer entschuldigung begrüsst
die du im raucherhusten des
gebläses kaum verstehst ich
habe dir die klimaanlage auf
21° gestellt so warm war es
an unserem letzten urlaubstag
ein handschuh von mir klemmt
noch zwischen den rücksitzen
ich habe ihn vergessen es war
keine absicht den duftbaum
hätte ich wegwerfen sollen er
wird dir wenn du dir die lippen
nachziehst in den schoss fallen
er riecht nach zitrone wegen der
zitronenbäume die sitzheizung
ist vielleicht etwas zu hoch
gestellt aber sie wärmt dir den
rücken vielleicht wirst du an

meine hände denken das radio
sagte es wird schneien stau
vor der grenze hast du deine
brille mit nachts siehst du so
schlecht die scheibenwischer
machen mich immer verrückt
im winter der tank ist voll mein
herz ich laufe durch die strassen
den ersatzschlüssel in der tasche
schnee auf der hand keine tür
springt auf am bahnhof kaufe
ich mir eine schokolade überleg
wo ich umsteigen kann steck
die karte in die jacke und nenn
dem taxifahrer irgendeine strasse
doch als er sie findet denk ich
mir seltsam sie heisst wie die
stadt in der du ankommen wirst

BOTHO STRAUSS
Verkennung

Nach einem Streit lief sie allein durch die Felder, auf dem Plattenweg von Gölßen zum Wald hin. Sie trug einen langen Stoffmantel, den Schal um den Scheitel geschlungen, eine eher städtische Winterfrau. Auf einmal drehte sie sich um und entdeckte auf dem abzweigenden Feldweg weit hinter sich, beinah einen Kilometer zurück, eine männliche Gestalt, die ihren Weg ging, mich.
In ihrer Erregung hielt sie mich sofort für ihren Mann, von dem sie nach einem Zerwürfnis davongelaufen war. Sie sah ihn, ohne zu zweifeln, seinerseits untröstlich durch die Felder rennen, verstört wegen der ungewohnt bösen Worte, die zwischen ihnen gewechselt worden waren.

Auf der Stelle kehrte sie um, lief, eilte zurück, rief mich über das Feld mit seinem Namen. Ich ging ungerührt weiter. Sie nahm es für ein Zeichen der tiefen Kränkung, die sie ihrem Mann zugefügt hatte. Eine Art Reuekoller ergriff sie, ihr Gesicht war von Tränen überschwemmt. Sie wollte, sie mußte mich umarmen und mich bis zuletzt verkennen. Nun wandte ich mich um, da stand sie verwirrt und erstarrte. Stammelte etwas von einem Versehen.

»Wohnen Sie hier im Dorf?« fragte ich überflüssigerweise. »Hier in Gölßen?«

»Ja. Wir sind erst vor kurzem hierhergezogen. Mein Mann hat drüben im Forst sein Jagdrevier. Von Bielefeld nach Gölßen ins Barnimer Land. Wissen Sie, was das bedeutet!? Ich habe Sie für meinen Mann gehalten. Wir sind zu Haus ins Streiten gekommen. Ich bin aus dem Haus gerannt, und als ich dort in der leeren Landschaft jemanden gehen sah, dachte ich, es kann nur mein Mann sein, der es wie ich zu Hause nicht mehr aushielt.«

»Ich sehe ihm wohl ähnlich«, fragte ich mit gespielter Unwissenheit.

»Nur von der Größe, nur von fern. Aus der Nähe dann nicht mehr. Ich war besessen von dem Bild, daß er da allein durch die Felder rennt, ich *wollte* ihn sehen, und deshalb bin ich auf Sie zugerannt, um mich … bei ihm zu entschuldigen –«

Sie brach ab und sah unschlüssig zu Boden.

»Tun Sie es. Sie müssen es loswerden, was Ihnen auf der Zunge brennt. Es wird Sie erleichtern. Sagen Sie es *mir.*«

Mit einem einzigen mutigen Augenaufschlag sah sie mich an, so daß ich niemand anderes als ihr Mann sein konnte.

»Ich bitte dich um Entschuldigung. Ich habe böse Worte gebraucht, um dich zu kränken. Du mußt mir glauben, daß das nur ein kleiner, winziger Bruchteil meiner Gefühle für dich ist, alles andere an mir bleibt für immer an dich gebunden.«

Und ich antwortete ihr: »Auch ich bitte dich um Verzeihung. Denn ich habe dich ja in die Lage gebracht, daß du dich so boshaft wehren mußtest. Für mich ist nun alles vorüber. Du bist für mich der Inbegriff von Anmut und Herzlichkeit. Es ist, als wäre zwischen uns ein dunkler Vorhang aufgezogen, und ich stehe endlich vor der, die ich wirklich liebe.«

Ihre Hände umgriffen meinen Nacken, wir küßten uns und gingen schnell auseinander.

DANIEL KEHLMANN
Wie ich log und starb

Ich lernte Luzia an einem Mittwochabend kennen, auf einem Empfang des Amtes zur Regulation von Telekommunikationslizenzen, und von diesem Tag an wurde ich zum Betrüger und Verlorenen.

Seit neun Jahren lebte ich mit Hannah zusammen – im Prinzip wenigstens, denn sie wohnte mit unserem Sohn sowie der winzigen Tochter, einem etwas unheimlichen Kleinkind, in einer friedlich eintönigen Stadt an einem süddeutschen See, wo ich geboren war und nun die Wochenenden verbrachte. An den Arbeitstagen aber weilte ich zurückgezogen in jener grauen Siedlung nahe Hannover, die das mich beschäftigende Unternehmen ausgewählt hatte, um dort seine Zentrale zu errichten. Hannah war ein wenig älter als ich, und sie kam allein gut zurecht. Ich bedeutete ihr damals nicht mehr sehr viel – das wußte sie, und ich wußte es auch, und jeder wußte, daß der andere es wußte. Aber sie war nun einmal Hannah, wir hatten ein schmatzendes Baby daheim, und mir war sofort klar, daß Luzia das nicht erfahren durfte.

Ich beschreibe sie später, bei Gelegenheit. Hier sei nur angemerkt, daß sie groß war und dunkelblond und daß ihre Augen braun und rund waren wie die eines Hamsters: schimmernd, nie mehr als ein paar Sekunden auf einen Punkt gerichtet, ein wenig ängstlich. Ich bemerkte sie, als sie erst ihr Glas auf den Boden fallen ließ und gleich darauf eine sinnlos auf einem Podest herumstehende Blumenvase zerbrach. Sie trug ein ärmelloses Kleid, die Haut ihrer Oberarme war makellos, und schon als ich sie dort über den Scherben stehen sah, wußte ich, daß ich lieber sterben würde, als darauf zu verzichten, sie anzufassen, meinen Atem mit dem ihren zu mischen und aus der Nähe zu sehen, wie ihre Augen sich nach innen drehten.

Sie war Chemikerin. Ich verstand nicht, was sie tat; es hatte mit Kohlenstoff zu tun, mit der Synthese von irgendwas, offenbar am Rande sogar mit Kernfusion, der Gewinnung von Energie aus nichts. Ich nickte viel, sagte: Aha, ja, sicher doch, und beugte mich dabei vor, um ihr Parfum zu riechen. Als sie fragte, wovon ich lebte und was mich hierher verschlagen hätte – ich wußte nicht, ob sie die Stadt meinte oder diesen Empfang –, mußte ich nachdenken, bevor ich in der Lage war zu antworten: Die Zusammenhänge, aus denen mein Dasein bestand, schienen jetzt so fremd und fern wie das Wetter auf der anderen Seite der Welt.

Ich war – damals noch, denn heute bin ich arbeitslos, und die Wahrscheinlichkeit, daß noch eine Firma mich einstellt, ist nicht groß – Leiter der Abteilung für Nummernverwaltung und Nummernzuweisung in einer der großen Telekommunikationsfirmen. Das mag langweilig klingen, aber in Wirklichkeit ist es langweiliger. An meiner Wiege war es nicht gesungen worden, auch meine Mutter hatte das nicht erwartet, wenn sie von ihres Sohnes glänzender Zukunft gesprochen hatte. Ich spielte einst gut Klavier, ich konnte leidlich malen, und alle Fotos zeigen mich als hübsches Kind mit klugen Augen. Aber die Welt bricht fast jeden, und warum hätten ausgerechnet meine Träume wirklich werden sollen, Bücherlesen ist kein Beruf, hatte mein Vater gesagt, und so empört ich einst darüber war, werde ich, wenn meine Kinder in das Alter kommen, ihnen nichts anderes sagen: Bücherlesen ist kein Beruf. So studierte ich Elektrotechnik mit dem Schwerpunkt mobiler Kommunikation, lernte über die damals noch analogen Mobiltelefone (eine Ewigkeit scheint es her), über SID- und MIN-Codes und all die Methoden, eine Menschenstimme in Millionstelsekunden um die Welt zu schicken, begann zu arbeiten und gewöhnte mich an die nach Ozon und Kaffee duftende Trägheit der Büronachmittage. Ich hatte zunächst über fünf, dann über sieben und zuletzt über neun Leute zu bestimmen, stellte mit Verblüffung fest, daß Menschen nicht zusammenarbeiten können, ohne einander zu hassen, und daß man ihnen nichts anordnen kann, ohne von ihnen verabscheut zu werden, begegnete Hannah, die ich mehr liebte als sie mich, wurde Leiter einer Abteilung und dann versetzt in eine andere Stadt; das nennt man Karriere. Ich verdiente gut, ich war sehr einsam, ich las abends lateinische Bücher mit Hilfe eines Wörterbuchs oder sah mir im Fernsehen die Komödien mit dem lachenden Geisterpublikum an und akzeptierte den Umstand, daß das Leben ist, was es ist, und daß man sich einiges aussuchen kann, das meiste aber nicht.

Und nun stand ich vor Luzia, mein Herz trommelte absurd, und ich hörte mir selbst dabei zu, wie ich detektivisch einkreisende Fragen stellte, um herauszufinden, ob sie Familie hatte oder ob es sonst jemanden gab in ihrem Leben; ob da also eine Chance war, irgendwann oder besser noch bald oder am besten gleich an diesem Abend meine Lippen auf die kleine Vertiefung oberhalb ihres Schlüsselbeins zu drücken. Sie lachte dann und wann, hob und senkte ihr Glas, und ich sah ihren langen Hals und das Spiel der Muskeln unter der Haut ihrer Schulter und das des Lichts auf dem Seidenglanz ihrer Haare, und durch den Rand meines Blickfelds bewegten sich schattenhafte Gestalten. Gläser klirrten, Leute lachten, Sätze wurden gesprochen, und irgendwo hielt jemand eine Rede, aber das interessierte mich nicht mehr. Sie sei, sagte Luzia, erst seit kurzem hier, und es gefalle ihr, nun ja, ehrlich gesagt gar nicht; dann lachte sie leise, und ich war nicht sicher, ob sie mir wirklich einen herausfordernden Blick zugeworfen hatte oder ob es eine Täuschung gewesen war, entstanden aus dem schlechten Licht und meiner Erregung.

»Haben Sie ein Telefon?«

»Ja«, sagte ich überrascht. »Wollen Sie jemanden anrufen?«

»Nein, es läutet.«

Ich tastete nach meiner Tasche und holte das Gerät hervor. Tatsächlich wurde die Musik, die ich schon seit einer Weile gehört hatte, lauter. Auf dem Bildschirm stand Hannahs Name. Ich drückte die Auflegetaste. Luzia sah mich amüsiert an. Ich begriff nicht, warum. Mir wurde heiß, ich hoffte, daß ich nicht auch rot geworden war.

»Ich habe meines erst seit kurzem«, sagte sie. »Ich finde es unheimlich. Es nimmt die Wirklichkeit aus allem.«

Ich brauchte eine Sekunde, um zu verstehen, daß sie von ihrem Mobiltelefon sprach. Ich nickte und versicherte, daß sie völlig recht habe. Ich hatte keine Ahnung, was sie meinte.

Nur wenige Gäste waren noch da, ihre Gläser in den Händen, gut verteilt über den Raum, und ich fragte mich, warum sie eigentlich bis jetzt geblieben war und warum immer noch hier bei mir. Ich sagte, wir könnten noch anderswo etwas trinken, die alte und verbrauchte Formulierung, und sie, als verstünde sie nicht oder als wüßte ich nicht, daß sie sehr wohl verstand, oder als wüßte sie nicht, daß ich es wußte, sagte: Ja gerne.

Und so gerieten wir in eine nicht eben einladende Bar, und Luzia sprach, und ich nickte, und dann und wann sprach ich ebenfalls. Der Raum schien sich langsam zu drehen, ich nahm sehr stark ihr Parfum wahr, und als sie wie aus Versehen meinen Oberarm berührte, lief ein elektrischer Schlag durch meinen Körper, und als ihre Hand meine Taille streifte, wich sie nicht zurück, und als ich ihr irgendwann so nahe kam, daß ich die Äderchen auf dem Grund ihrer Iris sehen konnte, wurde mir klar, daß dies nicht mehr bloß Wunsch und Traumbild war wie sonst, auch keine aus meiner Einsamkeit erstandene Phantasie, sondern daß es wirklich geschah.

»Wohnst du in der Nähe?« fragte sie.

In diesem Moment läutete mein Telefon.

»Schon wieder?«

»Ein Freund. Hat viele Probleme. Ruft zu den seltsamsten Zeiten an: morgens, mittags, nachts.« Ich war damals noch nicht versiert im Lügen, und doch: Während ich es sagte, sah ich ihn in seinem ganzen Elend vor mir. Traurig und besoffen, unrasiert, geschlagen vom Leben und durstig nach meinem Rat.

»Der Arme«, sagte sie lächelnd. »Du Armer.«

»Aber ja«, antwortete ich, noch auf ihre Frage von vorhin. »Ganz in der Nähe.«

Es war dann doch ziemlich weit, die Taxifahrt dauerte fast eine halbe Stunde, und wir saßen verlegen und fremd nebeneinander, ohne zu sprechen. Der Fahrer rauchte, aus dem Radio drang orientalisch gurrende Musik, und draußen standen zerlumpte Leute unter sinnlos in die Nacht blinkenden Ladenschildern. Es war kalt, und die Situation kam mir auf einmal lächerlich vor. Mir fiel ein, daß mein Bett nicht gemacht war, und ich fragte mich, wie ich es anstellen sollte, den Plüschelefanten zu verstecken, der seit meinem zehnten Jahr jedes meiner Schlafzimmer bewohnt hatte. Noch im Stiegenhaus schien das Problem mir fast unlösbar. Aber dann bemerkte sie ihn gar nicht, und das unordentliche Bett machte ebensowenig einen Unterschied wie die vielen gebrauchten Teetassen, die sich auf meinem Eßtisch aufreihten, denn wir fielen schon in der Tür übereinander her.

Ich war außer Übung und fand, als sie meinen Rücken an die Wand drückte und ihre Lippen auf meinen Mund, die Luft zum Atmen nicht mehr. Ihre Hände umklammerten meinen Hals, ihr Knie schob sich zwischen meine Beine, neben mir stürzte ein Buch zu Boden, dann zerrte sie mich, ich hörte meinen Hemdkragen reißen, in die Mitte des Zimmers und stieß mich so fest gegen den Tisch, daß zwei der leeren Tassen herunterfielen. Ich umschlang sie und preßte sie an mich, aus Begierde teils und teils, damit sie nicht noch mehr Schaden anrichtete, und für einige Sekunden, die mir bis heute wie aus der Zeit gehoben scheinen, sah ich ihre Augen wenige Zentimeter vor den meinen, und ihr Geruch umgab mich, und wir atmeten gemeinsam. Vielleicht ist jetzt der Moment, zu unterbrechen und sie zu beschreiben.

Sie war einen halben Kopf größer als ich und hatte die breiten Schultern von Menschen, die außerhalb der Städte aufgewachsen sind – ganz anders als meine dunkle, fragile Hannah. Alles an ihr war stämmig; bloß ihre Gesichtszüge waren fein, ihre Brauen dünn geschwungen, die Lippen nicht zu voll. Ihre Brüste waren größer und runder auch als die der fernen Frau, an die ich nun nicht denken durfte. Ob sie schön war? Ich hätte es nicht zu entscheiden vermocht, ich weiß es noch immer nicht, sie war einfach sie, und ich begehrte sie eben darum so sehr, daß ich ohne Zögern ein Jahr meines, ihres, jedes Lebens gegeben hätte für das Vorrecht, sie zu berühren, und daß jener Augenblick, als ich nun wirklich, sie sog die Luft ein, meine Lippen auf ihr Schlüsselbein drückte, mein Dasein in zwei Hälften schnitt: ein Davor und ein Danach, für alle Tage.

Eine Stunde später waren wir noch immer nicht müde. Vielleicht war es auch schon mehr, vielleicht viel kürzer: Die Zeit schien vor- und zurückzuschnellen, warf Schleifen und Verschlingungen wie ein sich aus der Spule rollender Film, und ich wußte im nachhinein nicht mehr, ob nur mein unordentliches Gedächtnis schuld oder ob die Wirklichkeit selbst in Verwirrung geraten war. Eine Erinnerung zeigt mich ausgestreckt, während ihr Körper sich über mir erhebt, silbrig weiß vor dem matten Licht im Fenster, die Hände auf meinen Schultern, den Kopf in den Nacken geworfen; in einer anderen liegt sie unter mir, die Hände in meinen Nacken gekrallt, den Blick von mir abgewandt, während meine Hand an ihr hinabgleitet bis zu dem Punkt, der sie wimmern läßt wie in Verzweiflung oder Schmerz. Oder ich in sie und sie in mich und wir ineinander halb auf dem Bett und halb auf dem Boden so verschlungen, als wären wir ein einziges Wesen oder auch viele mehr, und ihre Hand in meinem Mund und meine Arme um ihre Hüfte, und genau in diesem Augenblick erschien und verblaßte wieder Hannahs Gesicht vor mir. Dann stehen wir aufrecht, und mein Hinterkopf prallt gegen die Wand, und ich trage ihr Gewicht ganz auf mir, und der Raum um uns zerfällt und setzt sich neu zusammen. Und just als sich eine weiche Erschöpfung auf mich legte, begann es von neuem, und eine Weile noch umklammerten wir uns und schwammen wie durch trägen Sumpf, weil wir nicht wollten, daß es endete. Aber am Schluß waren wir doch wieder zwei geworden, und es gab sie, und es gab mich, und ich hätte ihr gerne zugehört, als sie aus ihrem Leben zu erzählen begann, doch schon driftete ich in eine Ohnmacht ohne Träume.

In den frühen Morgenstunden ging es wieder los. War ich es, der sie wachrüttelte, oder holte sie mich aus dem Schlaf? Ich weiß es nicht und sehe nur mehr den bereits hellen, eigentümlich sauberen Himmel im Fenster. Ihre Haare auf dem Weiß des Kissens hatten im frühen Licht die Farbe geändert und spielten jetzt ins Rötliche, doch schon, sie seufzte auf, sanken wir beide zurück in den Schlaf und in die letzten Träume der fast vergangenen Nacht.

Als ich aufwachte, war sie angezogen, murmelte einen Abschied, war zur Tür hinaus; sie mußte zur Arbeit. Und auch ich war spät dran. Ohne Frühstück lief ich zum Auto, und während ich wie jeden Tag im Achtuhrverkehr stand, rief ich Hannah an.

»Gestern? Langweilig! Die üblichen Bürokraten.«

Noch während ich es sagte, wunderte ich mich über zwei Dinge. Erstens darüber, daß die Menschen, selbst die nächsten und vertrautesten, es nicht merken, wenn man lügt. Das Klischee behauptet ja das Gegenteil und will, daß man sich irgendwie doch verrät und bei einem unwahren Wort zu stottern und zu schwitzen beginnt, daß man seltsam klingt, daß die Stimme sich verändert. Aber Freunde, so ist es nicht. Und daß es nicht so ist, überrascht niemanden mehr als den Lügner selbst. Außerdem: Auch wenn es stimmte, auch wenn die Stimme sich verzerrte, auch wenn wir schwitzten, erröteten und zuckten, würde uns das nicht preisgeben, denn niemand achtet ja darauf. Die Menschen sind gutgläubig, sie erwarten keinen Betrug. Wer hört schon einem anderen zu, wer konzentriert sich aufs Gerede des Nächsten, alle sind doch mit den Gedanken anderswo.

»Du Armer. Diese Langweiler! Ich weiß nicht, wie du es aushältst.«

Ich hörte keine Ironie in ihrer Stimme. Und das war die andere Sache, die mich wunderte: Jeder spottet über Beamte, Bürokraten, Federfuchser und Papiertiger. Aber wir sind es doch selbst! Jeder von uns Angestellten fühlt sich als Künstler und Anarchist, als freie Seele, als geheimer Wahnsinniger, der weder Zwang kennt noch Norm. Jedem von uns war einst das Himmelreich versprochen, und keiner will begreifen, daß er schon lange zu denen gehört, von denen er nie einer hat sein wollen, daß nichts an ihm mehr Ausnahme ist und daß ihn gerade das Gefühl, anders zu sein, vollends Regel sein läßt.

»Und die Kinder?« Nun klang meine Stimme doch unsicher. Daß sie mich »du Armer« genannt hatte, genau wie Luzia am Vortag, hatte mich mit unerwarteter Wucht getroffen.

»Paul hat die Lehrerin beleidigt. Er ist aufsässig in letzter Zeit. Du mußt am Samstag mit ihm sprechen.«

»Samstag kann ich nicht heimkommen. Leider.«

»Ach.«

»Sonntag.«

»Na dann Sonntag.«

Ich sagte etwas von Terminen, unerwarteten Ereignissen und dem entsetzlichen Chaos im Büro. Ich sagte etwas von einem neuen Kollegen und den inkompetenten Mitarbeitern. Dann hatte ich das Gefühl, daß ich es übertrieb, und verstummte.

Meine Untergebenen erwarteten mich so ängstlich wie immer. Daß sie einander verabscheuten, verstand ich und konnte es nachvollziehen, daß sie mich haßten, lag in der Natur der Sache, denn auch ich spürte den heftigsten Widerwillen gegen meinen Vorgesetzten, einen gewissen Elmar Schmieding aus Wattenwil, aber warum in aller Welt diese Furcht? Ich hatte noch nie jemandem Schwierigkeiten gemacht, mir war egal, was sie taten. Ich kenne das System und weiß, daß selbst mittelgroße Fehler nichts erschüttern, nichts verändern, nichts zu bedeuten haben, sie ärgern diesen oder jenen Kunden, wir aber erfahren nie davon, und uns kümmern sie nicht.

Ich grüßte also Schlick und Hauberlan, klopfte Smetana auf die Schulter und rief ein überdeutliches »Hallo!« in das Zimmer, in dem Lobenmeier und Mollwitz einander gegenübersaßen. Dann setzte ich mich an meinen Schreibtisch und versuchte, nicht an Luzia zu denken. Nicht an ihre Haut, nicht an ihre Nase, nicht an ihre Zehen und auf keinen Fall an ihre Stimme. Es klopfte, und Mollwitz kam herein, schwitzend wie immer, beschwert von seinem grotesken Körperumfang, kleingewachsen, nackenlos, bedauernswert.

»Nicht jetzt!« sagte ich scharf. Blitzartig verschwand er wieder. Ich rief Luzia an. »Hast du Samstag Zeit?«

»Ich dachte, am Wochenende bist du nicht in der Stadt.«

»Wieso?« Ich erschrak. Woher wußte sie das, was hatte ich ihr gesagt? »Ich bin hier!«

»Gut«, sagte sie. »Dann Samstag.«

Es klopfte, Lobenmeier trat ein und klagte, daß er Mollwitz nicht mehr aushalte.

»Nicht jetzt!«

Er könne, sagte Lobenmeier, viel ertragen. Aber irgendwann

reiche es. Daß dieser Mensch gar nichts tue, gehe ja noch an. Daß er, statt zu arbeiten, manisch in Internetforen schreibe, lasse sich akzeptieren, ja sogar an seine Gewohnheit, unablässig leise vor sich hin zu schimpfen, habe er sich fast schon gewöhnt. Seine Körperhygiene aber sei mehr beziehungsweise weniger, als man einem anderen Menschen zumuten könne.

»Lobenmeier«, sagte ich milde. »Gemach. Ich rede mit ihm, ich kümmere mich.«

Ich hätte ihn wohl zurechtweisen müssen, daß man so nicht über Kollegen spreche, aber ich brachte es nicht über mich, zumal Mollwitz in der Tat, vor allem gegen Ende des Tages, ganz gräßlich zu riechen pflegte.

Sonntag zur Mittagstunde betrat ich mein Reihenhaus in jener Stadt an dem tiefblauen See. Hannah war blaß, sie hatte Grippe. Paul hatte sich irgendeines Streits wegen in sein Zimmer eingeschlossen, die Kleine greinte mißgelaunt, und mir war so taumelig zumute, als wäre ich betrunken. Am ganzen Körper spürte ich noch Luzias Berührungen.

»Bis morgen?« hatte sie gefragt.

»Natürlich«, hatte ich geantwortet, ohne nachzudenken.

Ich hatte da schon gewußt, ich würde etwas erfinden und sie täuschen müssen, aber zugleich erschien mir diese Lüge wie ohne Gewicht; nur dieses Zimmer und dieses Bett und die Frau neben mir hatten Bedeutung gehabt, und mein anderes Leben, Hannah, die Kinder, dieses Haus, war mir vorgekommen wie eine unglaubhafte Erfindung – so wie eben jetzt, als ich nach langer Autofahrt am Tisch Platz nahm, eine Gummiente zur Seite schob und in die geröteten Augen Hannahs blickte, Luzia zu einem fernen Gespenst wurde. Ich lehnte mich zurück. Ich war daheim. Die Kleine tauchte ihren Löffel ins Kartoffelpüree, dann schmierte sie sich die gelbe Masse ins Gesicht. Das Telefon in meiner Tasche vibrierte. Eine Nachricht, Luzia wollte mich sehen, sofort.

»Was denn?« fragte Hannah. »Doch nicht am Sonntag?«

»Sie sind so inkompetent«, sagte ich und tippte: *Notfall im büro, kollege, todesfall.* Ich drückte auf die Sendetaste und wunderte mich, daß das Gefühl, geschwindelt zu haben, sich nicht einstellen wollte – als hätte ich dort wirklich ein zweites Ich zurückgelassen, das sich eben jetzt zur Wohnstatt des verunglückten Hauberlan (oder Mollwitz? vielleicht besser der) aufmachte. Ich nickte versonnen, strich der Kleinen über den Kopf und ging hinaus, um ein ernstes Wort mit Paul zu reden. Danach wollte ich Luzia eine E-Mail senden, in der stünde, wie ich in der Wohnung des Verstorbenen angekommen war und mit erzwungener Ruhe die ersten Verfügungen getroffen hatte. Nicht zu viele Details, nur die groben Umrisse, und dazu zwei oder drei scharf beobachtete Einzelheiten: eine schief in der Verankerung hängende Tür, eine Katze auf der vergeblichen Suche nach ihrem Milchschälchen, die Aufschrift auf der leeren Pillenschachtel. Wie merkwürdig, daß die Technik uns in eine Welt ohne feste Orte versetzt hat. Man spricht aus dem Nirgendwo, man kann überall sein, und da sich nichts überprüfen läßt, ist alles, was man sich vorstellt, im Grunde auch wahr. Wenn niemand mir nachweisen kann, wo ich bin, ja wenn selbst ich mir darüber nicht vollkommen und absolut im klaren bin, wo wäre die Instanz, die entscheidet? Wirkliche und festgesteckte Plätze im Raum, die gab es, bevor wir kleine Funkgeräte hatten und Briefe schrieben, die in der Sekunde des Abschickens schon am Ziel sind.

Nachdenklich schaltete ich das Telefon aus, für den Fall, daß sie plötzlich anrief. Kein Empfang, würde ich sagen, das war immer glaubhaft; und weiß Gott, Netzausfälle gab es ständig, das wußte ich, das war mein Beruf, dafür war ich zuständig. Dann ballte ich die Faust, schlug an Pauls Tür und brüllte. »Aufmachen, junger Mann!«

Wie lange kann so etwas gutgehen? Erwartet hätte ich drei Wochen, vielleicht einen Monat der Gefahr, der Freiheit und des Doppelspiels. Doch dieser Monat verging, weitere Wochen zogen ins Land, und immer noch war ich unentdeckt.

Wie ging das eigentlich früher vor sich? Wie log und betrog man, wie hatte man Affären, wie stahl man sich fort und manipulierte und richtete seine Heimlichkeiten ein ohne die Hilfe hochverfeinerter Technologie? Ich hatte die Zeit ja noch erlebt. Und doch konnte ich es mir nicht mehr vorstellen.

Ich schickte Hannah Nachrichten, die vorgaben, aus Paris und Madrid, aus Berlin, Chicago und eines denkwürdigen Tages aus Caracas zu kommen: Ich beschrieb schmutzgelbe Luft und von Autos wimmelnde Straßen in einem hektisch erregten Absatz, den ich in Luzias Küche auf meinem Laptop komponierte, während sie in Slip und ohne Schuhe am Herd stand und der Herbstregen vielfingrig an die Scheiben trommelte. Sie stieß eine Tasse Kaffee herunter, Scherben splitterten über den Boden, die schwarze Flüssigkeit bildete ein Rorschachmuster.

»Was schreibst du?«

»Einen Report für Longrolf von der Revision.«

Und als ich ihr dann vom armen Longrolf erzählte (drei Kinder, vier Frauen, ein Alkoholproblem, inzwischen log ich aus

Gewohnheit und erfand auch ohne Grund), sah ich schon vor mir, wie ich vier Tage später von meinem Eßzimmer aus, während die Kleine über den Teppich kriechen und Hannah nebenan auf dem aus Sicherheitsgründen nie von mir benutzten PC Ferienfotos bearbeiten würde, die uns vier an einer trüben Meeresküste zeigten, an Luzia einen Bericht von meiner Konferenz mit ebenjenem Longrolf schreiben müßte: die Tristesse der Chefetage, die Intrigen von Büro zu Büro, Longrolfs hämische Miene und Smetanas Schweinegesicht, ach wie traurig das alles, und wie gerne wäre ich, Liebste, bei dir. Um dann vors Haus zu schleichen (»Ich bringe den Müll raus!«), mich im Windschatten an die Mauer zu lehnen und mit dem mobilen Telefon bei ihr anzurufen und zu erzählen, wie ich es doch fertiggebracht hätte, mich für einen Moment ins Stiegenhaus abzusetzen, um ihre Stimme zu hören.

Eine Lüge? Natürlich, aber hatte ich nicht wirklich all die Zeit an sie gedacht, verzehrte sich nicht mein ganzes Wesen nach ihrer Nähe, konnte ich denn nicht tatsächlich, während ich mit den Kindern spielte oder mit Hannah immergleiche Gespräche über Steuern, Wasserkosten, den Kindergarten und die Hypothek führte, an nichts denken als an ihren Körper, ihr Gesicht und ihre leicht rauhe Stimme? Was machte es für einen Unterschied, ob Longrolf mich fernhielt oder eine halb entfremdete Gefährtin mit zwei lauten, mich wie einen Fremden betrachtenden Kindern, deren Existenz mir, solange ich bei ihnen war, wie das Produkt eines wirren Traums vorkam? So wie mir umgekehrt, wenn ich mich in Luzias Badezimmer einschloß und bei laufendem Wasserhahn mit Hannah und dann auch dem Jungen telefoniert hatte (»Rauschen? Das ist die schlechte Verbindung!«), meine entfernte Familie so nahe und lieb war wie sonst nie und Luzia drüben im Bett plötzlich ein so lästiges Hindernis wie eben jener öde Kongreß, bei dem zu sein ich gerade am Telefon behauptete. Ich liebte sie doch beide! Und am stärksten immer die, bei der ich gerade nicht war, mit der ich nicht sein konnte, von der die andere mich fernhielt.

Mir kam der Verdacht, daß ich verrückt war. Ich wachte spätnachts auf, horchte auf die Atemzüge der Frau neben mir und fragte mich für bange Sekunden nicht so sehr, welche von beiden sie, sondern wer eigentlich ich gerade sein sollte und in welchem Irrgarten ich mich verloren hatte. Nur ein Schritt nach dem anderen, keiner groß, keiner schwierig, aber unversehens war ich so tief darin, daß ich den Ausgang nicht mehr sah. Dann schloß ich die Augen, lag still und überließ mich der eisig aufsteigenden Panik. Doch bei Tag, wenn ich mich erhob und in die jeweilige Rolle fand, als hätte ich keine andere, schien alles wieder leicht und fast normal.

Zwei Tage vor dem Kongreß der europäischen Telekommunikationsanbieter saß ich in meinem Büro und telefonierte mit dem bestellten Babysitter. Hannah und ich wollten gemeinsam fahren, endlich hätten wir wieder einmal Zeit füreinander. Meine Präsentation sollte kurz sein und verlangte keine Vorbereitung, und das Hotel versprach Luxus und Heilbäder. Als ich auflegte, sah ich, daß eine E-Mail von Luzia eingetroffen war. Eine Zeile nur: *Dein Kongreß. Ich komme mit.*

Ich rieb mir die Augen und dachte wie jeden Tag und jede Stunde daran, daß früher oder später alles explodieren würde und daß eine flammende Katastrophe auf mich zuraste.

Lieber nicht, schrieb ich, *viel Arbeit, schreckliche Leute.*

Dann erst begriff ich.

Wenn Luzia von dem Kongreß wußte, denn ich hatte nichts erzählt, so kannte sie jemanden, der auch dort sein würde. Dann konnte ich also nicht mit Hannah reisen; zu groß war die Gefahr, daß Luzia davon hörte.

Und umgekehrt? Wenn ich nun Luzia mitnahm? Hannah kannte wenige meiner Kollegen. Sie war nur selten in dieser Stadt, und mein Beruf hatte sie begreiflicherweise nie interessiert. Aber das Risiko war zu groß. Einen Moment lang haßte ich sie beide.

Ich rief Hannah an.

»Ach schade!« Sie klang geistesabwesend, irgend etwas nahm ihre ganze Aufmerksamkeit in Anspruch. Ich sah sie vor mir: konzentriert in ein Buch blickend, die Augen wach und träumerisch zugleich, und der Stand der Dinge – daß ich nicht bei ihr war, daß ich eine andere hatte und daß nichts so war, wie es sein sollte – trieb mir Tränen in die Augen.

»Es geht einfach nicht«, sagte ich. »Muß bleiben. Zu viel los im Büro.«

»Wie du meinst.«

»Ein andermal, ja? Bald.«

Sie räusperte sich zerstreut. Aus dem Hintergrund hörte ich plätschernde Radiomusik. »Ja ja, ist gut.«

Auf meinem Bildschirm tauchte Luzias Antwort auf: *Unsinn, das wird lustig. Ich muß auch mal raus. Wenn du dort bist, komme ich auch. Kein Widerspruch!* »Sei nicht traurig«, sagte ich.

»Ich verstehe schon«, sagte Hannah. »Ich verstehe.«

Ich legte auf. Mit Luzia würde es schwieriger sein, denn sie wollte immer Dinge über meine Arbeit wissen. Warum bloß, nicht einmal ich selbst wollte das! Aber die Abteilung mußte vertreten werden: Führe ich allein, so käme Luzia, führe ich mit Luzia, so würde es Hannah erfahren, führe ich mit Hannah, so hörte Luzia davon; daraus ergab sich ein einziger Schluß. Ich rief Lobenmeier zu mir.

Unmöglich, sagte der. Parisausflug. Lange schon geplant. Idee seiner Frau. Hochzeitstag.

Ich rief nach Schlick.

Ausgeschlossen! Eltern, Geburtstag, große Feier, einziger Sohn dürfe nicht fehlen. Außerdem habe die Familie einen Bauernhof, und auf dem sei die Viehpest ausgebrochen.

Ich verstand den Zusammenhang nicht, aber seufzend ließ ich ihn gehen und rief Hauberlan, der aber eine nicht mehr stornierbare Schiffspassage gebucht hatte, um schottische Inseln zu umkreisen. Smetana war krankgeschrieben, und meine Sekretärin, aus lauter Verzweiflung hätte ich sogar sie entsandt, war schon seit Monaten angemeldet für die Teilnahme an der nationalen Paintball-Meisterschaft in einem niedersächsischen Dorf. Unter keinen Umständen konnte sie für mich einspringen. Es war also nicht zu vermeiden. Es gab nur noch eine Möglichkeit.

Wird nichts draus, schrieb ich. *Muß Mollwitz schicken. Er hat Freunde bei der Geschäftsführung, er ist zu einflußreich geworden.* Das Tippen fiel mir schwer, meine Hände bebten – vor Aufregung natürlich, aber auch vor Wut auf Mollwitz und seine Intrigen. *Bin machtlos. Tut mir so leid.*

Mollwitz, antwortete sie sofort. *Ist der nicht gestorben?*

O Gott. Ruhig atmen, dachte ich, ganz ruhig. Flucht nach vorne. *Das war einer, der genauso hieß. Komischer Zufall.* Ich sah auf, Mollwitz stand in der Tür. »Sie haben es geschafft!« herrschte ich ihn an. »Morgen fahren Sie los.«

Er schwitzte noch stärker als sonst. Seine winzigen Augen zuckten unruhig. Er schien in letzter Zeit noch zugenommen zu haben.

»Spielen Sie nicht den Überraschten. Sie vertreten beim Kongreß unsere Abteilung. Klug gemacht, schlau eingefädelt, ich gratuliere.«

Mollwitz schnaufte. Morgen, sagte er leise, sei nicht so gut. Er habe viel zu tun. Er reise nicht gern. Wie er beim Reden schmatzte!

»Man kann es auch übertreiben! Sie wissen, daß Sie hinwollen, ich weiß es, und in der Etage über uns« – ich hob den Zeigefinger – »weiß man es auch. Sie werden es weit bringen, mein Lieber.«

Er warf mir einen flehenden Blick zu, dann trollte er sich. Ich stellte mir vor, wie er jetzt nebenan gleich einer großen Kröte hinter seinem Schreibtisch saß und leise schimpfend in irgendwelchen Foren schrieb.

Ich rief Luzia an.

Aber das sei doch nicht schlimm, sagte sie sofort, das mache nichts, das solle ich mir nicht zu Herzen nehmen.

Ich nickte stumm, schon fühlte ich mich besser. Sie war so gut darin, mich zu trösten.

Als Luzia anrief, um mir zu sagen, daß sie schwanger sei, war ich mit den Kindern im Freibad. Die Sonne spielte auf der zitternden Wasserfläche, Lichtreflexe zerliefen in der Tiefe, die Welt schien durchwirkt von Helligkeit. Kinderkreischen, spritzendes Wasser, der Geruch nach Kokosöl, Chlor und Rasen.

»Was?« Ich hob meine Hand zur Stirn, aber mein Arm bewegte sich nur mit Verzögerung, und meine Finger schienen mit Watte umkleidet. Meine Knie waren so weich, daß ich mich setzen mußte. Ein fettes kleines Mädchen trabte heran, stieß gegen mich, fiel um und begann zu weinen. Ich blinzelte. »Das ist großartig«, hörte ich mich sagen.

»Ja?« Sie schien mir nicht ganz zu glauben, und auch ich selbst glaubte mir nicht recht. Und doch: Warum stieg solche Freude in mir auf? Ein Kind – mein erstes! Noch nie hatte ich so stark gespürt, daß ich aus zwei Menschen bestand oder vielmehr, daß ich mich in zwei Möglichkeiten ein und desselben Lebens gespalten hatte. Drüben, jenseits des Beckens, kroch meine Tochter über den Rasen. Weiter hinten lehnte mein Sohn, gewollt lässig und in der Hoffnung, daß ich ihn nicht sah, im Gespräch mit zwei gleichaltrigen Mädchen.

»Ich weiß aber nicht, ob ich ein guter Vater sein kann«, sagte ich leise. Ich stockte, mir fiel das Sprechen schwer. »Ich will es versuchen!«

»Du bist wunderbar. Weißt du, damals als … Wo bist du eigentlich, das ist ziemlich laut!«

»Auf der Straße. Gar nicht weit von deinem Büro. Am liebsten würde ich zu dir kommen …«

»Tu es doch!«

»… aber ich kann nicht. Ein Termin.«

»Damals, als ich dich kennengelernt habe. Ich hätte das nicht gedacht! Du wirktest wie einer, auf dem eine Last liegt und der zugleich … Wie soll ich sagen? Einer, der sich immer zwanghaft gerade hält. Ich wollte dir nicht glauben.« Sie lachte. »Ich dachte, du wärst nicht ehrlich.«

»Seltsam.« Meine Tochter bewegte sich auf den Beckenrand zu. Ich stand auf.

»Wenn mir damals jemand gesagt hätte, daß ich ausgerechnet mit dir –«

Die Kleine war zu nahe am Wasser. »Kann ich dich zurückrufen?« Ich ging schnell auf sie zu.

»Aber was meinst du, wieso –«

Ich drückte die Auflegetaste und begann zu laufen. Spitze Grashalme stachen in meine nackten Füße. Ich sprang über zwei daliegende Kinder, wich einem Hund aus, stieß eine Frau zur Seite und fing meine Tochter einen Meter vor dem Wasser ab. Sie sah mich fragend an, dann überlegte sie einen Moment und begann zu weinen. Ich hob sie hoch und sprach ihr beruhigenden Unsinn ins Ohr. *Melde mich später*, tippte ich währenddessen ins Telefon. *S-bahn, kaum empfang.* Ich wollte es schon abschicken, aber dann fügte ich noch *Ich freue mich so*! hinzu. Ich blickte meiner Tochter ins Gesicht, und wieder einmal fiel mir auf, daß sie Hannah von Monat zu Monat ähnlicher sah. Ich blies ihr die Haare aus der Stirn, sie kicherte leise; schon wußte sie nicht mehr, daß sie gerade geweint hatte. Ich drückte die Sendetaste.

Mollwitz war völlig verwirrt zurückgekehrt. Er redete leise mit sich selbst, war kaum ansprechbar und wollte nicht verraten, was ihm zugestoßen war.

Früher oder später, sagte Hauberlan, habe das wohl so kommen müssen.

Seine Präsentation sei ein Desaster gewesen, sagte Schlick. Man spreche überall davon. Sehr peinlich für die Abteilung.

Es werde noch Schlimmeres erzählt, sagte Lobenmeier. Angeblich sei er in ein Hotelzimmer eingedrungen und habe –

»Jeder macht Fehler«, sagte ich, und sie verstummten. Es

war ihnen ganz recht, daß mich nichts mehr interessierte. Ich hatte abgenommen, und auch für die Klassiker hatte ich keine Aufmerksamkeit mehr, Sallust schien mir geschwätzig, Cicero inhaltsleer, denn keiner von ihnen berührte die Frage, die mich unablässig beschäftigte und meinen Verstand drehte wie das Wasser ein Mühlrad – ob es nicht doch möglich war, zwei Häuser, zwei Leben, zwei Familien zu haben, eine dort, eine hier, ein Ich in dieser und ein anderes in der anderen Stadt, und zwei Frauen, deren jede einem nahe ist, als wäre sie die einzige. Es war nur ein Problem der Organisation, der fachkundig genutzten Fahr- und Flugpläne, der klug geführten Korrespondenz, der vorausschauenden Gestaltung. Natürlich konnte es scheitern, aber es konnte doch auch … Ja, es konnte funktionieren! Für eine kurze Weile. Oder auch lange.

Doppelleben: die Verdopplung des Lebens. Eben noch war ich nur ein bedrückter Abteilungsleiter gewesen. Wie hatte es dazu kommen können, daß ich sie plötzlich verstand: die Schreckgespenster der Illustrierten, all die Leute, die Geheimnisse hatten, einfach deshalb, weil es sich ohne sie nicht leben läßt, weil völlige Offenheit der Tod ist und ein einziges Dasein für den Menschen nicht reicht.

»Wie?« Ich zuckte zusammen. Lobenmeier stand vor mir. Hinter ihm Schlick. Ich hatte sie nicht kommen gehört. Dann erst wurde mir klar, daß es umgekehrt gewesen war: Die anderen waren aus dem Zimmer gegangen und nur diese beiden noch hier.

Schlick begann leise zu reden. Offenbar war etwas Furchtbares passiert: Ein Memo der Sicherheitsabteilung habe uns informiert, daß einige hundert Telefonnummern in der Datenbank ein falsches Freigabedatum zugeteilt bekommen hätten, so daß die Gefahr bestehe, daß sie, obwohl noch in Gebrauch, neu vergeben werden würden. Lobenmeier habe es an Mollwitz weitergereicht, der wiederum habe es zuerst zur Seite gelegt, weil er, wie sie nun festgestellt hätten, unbedingt vorher einen Bericht fürs Prominentenspotforum habe schreiben wollen.

»Für was bitte?«

Egal, sagte Lobenmeier, nicht wichtig jetzt. Jedenfalls sei es nun passiert, und einige Dutzend Neukunden hätten schon existierende und eigentlich für den Nummernpool gesperrte Telefonnummern bekommen. Die Presse werde darüber berichten, und es seien schon mindestens zwei Klagen wegen Geschäftsschädigung anhängig. Bei unserer Abteilung liege die Hauptschuld.

Der Schirm meines Mobiltelefons leuchtete auf. Hannahs Name und darunter: *Wir kommen dich besuchen!* Mein Puls begann zu rasen.

»Darüber reden wir später!« Ich stand auf.

Verzeihung, sagte Lobenmeier, aber dazu sei die Lage zu ernst. Das könne –

Werde, sagte Schlick.

Lobenmeier nickte. *Werde* einige Leute den Job kosten.

Ich drückte ein paar Tasten, aber da war keine Nachricht. Konnte ich mir das eingebildet haben? Hatte ich sie aus Versehen gelöscht? Ich mußte das wissen, es war entscheidend, daß ich keinen Fehler machte.

»Bin gleich zurück«, rief ich und lief hinaus, den Gang entlang, zum Lift, der mich summend nach unten trug, durch die Halle auf die Straße. Das eben ist es, dachte ich, das widerfährt mir nun. Nicht an den Umständen scheitert man, auch nicht am Pech, sondern an den Nerven. Man scheitert daran, daß man den Druck nicht erträgt. Deshalb kommt alles zutage, früher oder später. Ich drehte mich langsam um mich selbst. Ich bemerkte, daß Passanten sich nach mir umschauten, daß auf der anderen Straßenseite ein Kind auf mich zeigte und von seiner Mutter weitergezogen wurde. Nimm dich zusammen, dachte ich, nimm dich zusammen, nimm dich doch zusammen, wenn du nicht versagst, kann es funktionieren, aber du mußt dich zusammennehmen. Ich zwang mich, ruhig dazustehen. Ich sah auf die Uhr und versuchte auszusehen wie einer, der über die Termine des Tages nachdenkt. Kehr um, befahl ich mir, und geh wieder hinein. Fahr hinauf. Sie warten auf dich. Setz dich hinter den Schreibtisch. Rette, was zu retten ist. Unternimm etwas. Verteidige dich, lauf nicht davon. Du wirst nicht zusammenbrechen. Noch nicht.

»Ein Problem, lieber Herr?«

Neben mir stand ein ungewöhnlich dünner Mann mit fettigen Haaren, einer Hornbrille und einer grellroten Mütze.

»Bitte?«

»Das Leben ist schwer?« sagte er mit öligem Lächeln. Es klang eher nach einer Frage als einer Feststellung. »Jede Entscheidung ist hart, die Organisation des Alltags alleine schon so kompliziert, daß es die Stärksten unter uns in den Wahnsinn treiben kann. Sie stimmen zu, lieber Herr?«

»Was?«

»So vieles ist unserm Willen nicht unterworfen, aber manches kann man sich doch erleichtern. Ich verfüge über ein Taxi.« Er wies auf einen schwarzen Mercedes, der mit offener Tür neben uns stand. »Und dazu ein Wort zur Güte: Wenn es jemanden gibt, den Sie sehen möchten in dieser Stunde, rufen

Sie ihn an. Das Leben ist so schnell vorbei. Und dazu gibt es doch die kleinen Telefone, dafür haben wir all dies Elektrische in den Taschen. Nicht wahr, lieber Herr?«

Ich begriff nicht, was er von mir wollte. Seine Erscheinung war abstoßend, aber seine Worte hatten eine beruhigende Wirkung auf mich. »Das ist kein Taxi!«

»Lieber Herr! Setzen Sie sich hinein, nennen Sie die Adresse, und Sie werden sehen, schon ist es eines.«

Ich zögerte, aber dann nickte ich und ließ mich in das weiche Leder der Rückbank sinken. Er setzte sich hinters Lenkrad, richtete umständlich den Fahrersitz ein, als wäre er selbst nicht gerade mit diesem Auto hierhergekommen, drehte am Rückspiegel und fingerte eine Weile am Zündschloß. »Ihre Adresse«, sagte er sanft. »Bitte. Viel weiß ich, alles aber nicht.«

Ich nannte sie ihm.

»Und flugs sind wir da.« Er ließ den Motor an und steuerte hinaus in den Verkehr. »Sind Sie sicher, daß Sie nach Hause wollen? Nicht anderswohin? Niemand, den Sie aufsuchen möchten?«

Ich schüttelte den Kopf, holte mein Telefon hervor und wählte Luzias Nummer. »Komm zu mir!«

»Jetzt?«

»Jetzt.«

»Was machst du überhaupt hier? Ich dachte, du mußt die ganze Woche nach Zürich! Ist was passiert?«

Ich rieb mir die Stirn. Richtig, das hatte ich gesagt, damit ich am nächsten Tag übers Wochenende zu Hannah fahren konnte. »Das hat sich zerschlagen.«

»Wieder Mollwitz?«

»Wieder Mollwitz.«

»Ich komme.«

Ich legte auf und starrte auf den kleinen Bildschirm des Geräts. Und wenn Hannah doch hierher unterwegs war? Dann hatte ich genau das Falsche getan, dann durfte Luzia nicht in die Nähe meiner Wohnung. Ich mußte sofort anrufen – aber wen von den beiden eigentlich? Wie kam es, daß mir die Dinge schon entglitten? Der dünne Mann starrte mich aus dem Rückspiegel an. Mir war schwindlig. Ich schloß die Augen.

»Sie fragen sich, warum so vieles nicht geht, lieber Herr? Weil ein Mensch vieles sein will. Im wörtlichen Sinn. Er will viel sein. Vielfältig. Möchte mehrere Leben. Aber nur oberflächlich, nicht im Tiefsten. Das letzte Drängen, lieber Freund, zielt darauf, eins zu sein. Mit sich, mit allem.«

Ich öffnete die Augen. »Wovon reden Sie?«

»Ich habe nichts gesagt. Und hätte ich doch, wäre es nichts, was Sie nicht selbst wissen.«

»Ist das überhaupt Ihr Auto?«

»Sollte das tatsächlich eine dringliche Sorge von Ihnen sein?«

Ich schwieg, bis er vor meinem Wohnhaus hielt. Aus irgendeinem Grund hatte ich erwartet, daß er kein Geld nehmen würde, aber er nannte einen erstaunlich hohen Preis. Ich bezahlte und stieg aus; als ich mich umdrehte, war das Auto schon nicht mehr zu sehen.

Luzia wartete im Gang vor meiner Wohnungstür. Sie mußte sofort losgefahren sein. Auf sie konnte man sich verlassen. »Was denn?« fragte sie. »Was?« Sie sah mir aufmerksam ins Gesicht.

Ich öffnete den Mund und schloß ihn wieder.

Sie legte mir die Hände auf die Schultern. »Willst du mir etwas sagen?«

Ich rührte mich nicht. Wir standen immer noch auf dem Gang. Ich holte Luft. Ich schwieg.

Wir gingen hinein. Durch den Flur, durch mein unordentliches Wohnzimmer, und dann, wie immer, ins Schlafzimmer.

Sekunden später lagen wir da, und ich spürte die Festheit ihrer Glieder, sah aus der Nähe die Dunkelheit ihrer Augen. Ihre Hände nestelten an meinem Gürtel, meine Hände glitten unter ihre Bluse, all das ganz von selbst, ohne Zögern und Überlegen, es lief ab wie ohne unser Zutun. Dann die Decke und die Nacktheit und das Keuchen und ihre kräftigen Hände, und sie, die mich, und ich, der sie umklammerte, und dann hatten wir uns schon wieder voneinander gelöst, lagen kraftlos nebeneinander und atmeten schwer. Auf ihrer Haut war ein dünner Film von Schweiß. Der Anblick stimmte mich so zärtlich, daß ich fast Dinge gesagt hätte, die ich kurz darauf wieder hätte zurücknehmen wollen. Trug sie wirklich mein Kind? Aber ich hatte schon zwei, und die waren schwierig und fremdartig genug, sie blickten mich zweifelnd an und stellten Fragen, auf die ich die Antwort nicht wußte, und ich war ihnen kein guter Vater.

»So kann das nicht weitergehen«, sagte sie.

Mein Magen krampfte sich zusammen. »Was?«

»Dieser Mollwitz. Du bist zu nett. Du mußt etwas unternehmen.«

Ich schob meine Hand unter ihren Nacken. Wie weich ihre Haare waren. Der goldene Flaum auf ihren Armen. Die sanfte Wölbung ihrer Brust. Alles hätte ich getan für sie und alles aufgegeben.

Alles?

Alles außer eben jener anderen, die mich womöglich in ein

paar Minuten oder vielleicht nächste Woche oder nächsten Monat oder irgendwann in diesem Jahr im unpassenden Moment anrufen würde, um mir zu sagen, daß sie mich überraschend besuchen komme und bereits in der Stadt sei, in dieser Straße oder auch schon in diesem Haus, auf der Treppe, gleich vor der Tür. Wäre dies eine Geschichte, dachte ich, der Aufschub hätte keinen Sinn, es würde genau jetzt passieren.

Es läutete. Mit einem Ruck setzte ich mich auf.

»Was ist?« fragte Luzia.

»Die Klingel.«

»Ich habe nichts gehört.«

Ich strich schweigend über ihren Kopf. Noch kann ich alles gestehen, dachte ich, noch bin ich nicht überführt. Würdest du mir verzeihen? Aber ich wußte, sie würde nicht.

Ohne mich angezogen zu haben, ging ich durch den Flur. Wenn ich jetzt öffnete und Hannah draußen stand, was sollte ich tun? Vielleicht gab es einen Weg, mich herauszuschwindeln. In Filmen und Boulevardstücken gibt es immer einen, gerade wenn es aussichtslos scheint. Dann finden die Hauptfiguren brillante Ausreden, öffnen und schließen Türen, schieben die eine Frau in dieses, die andere in jenes Zimmer, ja manövrieren veritable Gruppen von Leuten in kleinsten Räumen hin und her, ohne daß einer dem anderen begegnet. Ein ganzes Genre war darauf spezialisiert. Man konnte es wohl auch tun, wenn man die Entschlossenheit dafür besaß. Fast alles ließ sich hinbekommen mit der nötigen Kraft. Selbst ein verdoppeltes Leben. Aber wer hat sie schon, fragte ich mich, während ich nackt im Flur stand; wer hat schon diese Kraft?

Ich faßte nach der Klinke. Auch die Gewißheit, daß nichts mehr zwischen einem selbst und der Katastrophe steht, gibt

Sicherheit. Einen Moment zögerte ich noch. Weshalb nicht gleich die größere Szene, die stärkere Wirkung? Wenn Hannah da draußen stand, warum nicht auch die Kinder, warum nicht dazu meine Eltern, eigens angereist aus ihrem dunklen Pensionistenheim, und wenn wir schon dabei waren, warum nicht Lobenmeier, Hauberlan und Longrolf von der Revision, warum nicht auch Mollwitz; alle gekommen, um mich ohne Kleidung zu sehen, ohne Geheimnis, Schein, Phantasie und Trug, ganz so, wie ich wirklich war?

»Kommt herein.« Ich öffnete die Tür. »Kommt nur alle herein!«

WILLIAM CARLOS WILLIAMS
This is just to say

I have eaten
the plums
that were in
the icebox

and which
you were probably
saving
for breakfast

Forgive me
they were delicious
so sweet
and so cold

Nur damit du Bescheid weißt

Ich habe die Pflaumen
gegessen
die im Eisschrank
waren

du wolltest
sie sicher
fürs Frühstück
aufheben

Verzeih mir
sie waren herrlich
so süß
und so kalt

CAMILLE DE PERETTI
Thérèses Zimmer, 3
23 Uhr 00

Robert ist gar nicht dazu gekommen, Thérèse zum Namenstag zu gratulieren. Sie haben sich geliebt, und kurz bevor sie die Augen geschlossen haben, Wange an Wange, haben sie einander versprochen, es noch oft zu tun. Sie haben sich geliebt wie zwei alte Menschen mit gebrechlichen, vom Rheuma geplagten Körpern. Sie haben sich geliebt wie zwei Jugendliche, zitternd vor Angst und Erregung. Sie haben sich geliebt mit künstlichen Zähnen und ihren gebrochenen, mit Platten und Nägeln zusammengehaltenen Gliedern. Und mit ihren von der Arthrose knotigen Händen haben sie sich gestreichelt wie Liebende. Sie haben sich ganz einfach geliebt. Nicht besonders hastig, nicht besonders sanft. Robert war es, als hätte er noch nie in seinem Leben eine Frau so begehrt, Thérèse dachte, darauf hat sie ihr Leben lang gewartet. Ein Leben voller emotionaler und sinnlicher Misere, um mit achtundsiebzig Jahren endlich zu hören, »Madame Leduc, heute Abend um zehn Uhr komme ich in Ihr Zimmer, ich muss Ihnen etwas sagen.« Ein liebender Kolibri hat ihre Hand mit leidenschaftlichen Küssen bedeckt. Alles war wieder möglich. Sie haben sich geliebt, für beide das erste Mal seit langer Zeit. Das Kreuzworträtsel steckt zusammengefaltet in Roberts Jackentasche, er hat es nicht gebraucht. Das Begehren hat alles ersetzt. Das Begehren hat selbst für alles gesorgt. Sie haben sich geliebt, auf die einfachste Art und Weise der Welt. Und danach, nackt in den gelblichen Betttüchern des *Les Bégonias* ineinander verschlungen, haben sie einander schöne Dinge gesagt, über das Leben, das Alter, die Zeit, sie haben einander eine reifere Liebe versprochen, eine glückliche Ehe. Robert hat von der algerischen Wüste erzählt, den rissigen Mauern der Kasbah und der kleinen Beduinin; Thérèse hat Émile beschrieben, seine Baumschule, seinen Rosengarten. Sie hat ihn geduzt, und er hat gelacht. Er hat gesagt, sie rieche so gut nach Frühling. Sie hat erwidert, »alter Verführer«, und sich an ihn geschmiegt. Ihrer beider welke Haut, ihre schlaffen Schenkel, ihre wie bei einem Hühnchen hervorstehenden Knochen. Es kam überhaupt nicht in Frage, dass Robert in sein Zimmer zurückgeht. In den Armen der Geliebten einschlafen, das ist das Beste, was es gibt. Ein schlichtes Bett, mehr haben wirklich Liebende noch nie gebraucht.

Den Kopf an die Schulter ihres Liebsten geschmiegt, schlummert Thérèse ein. Robert streichelt sacht ihr feines Silberhaar. Sein Blick wandert über die Schatten des Zimmers, den Schrank in der Ecke, die drei Borde über dem Nachttisch. Er spürt, wie ihn der Schlaf übermannt. Sein Kopf wird schwer. Auf dem Boden beim Vorhang schimmert ein Paar grünlackierte Ballerinenschuhe. Er denkt, beim Aufwachen wird er Thérèses kleine Füße küssen.

»Schläfst du schon?«

Statt einer Antwort murmelt sie wohlig etwas. Und da flüstert er, ganz leise: »Thérèse, ich liebe dich.«

Er kann es im Dunkeln nicht sehen, aber er weiß, sie lächelt.

NADJA MAYER
Matching-Punkte

»Bis Freitag«, hatte er gesagt. Er hatte nicht, wie sonst immer, »bis später« gesagt, was Marie jedes Mal aufs Neue irritierte, denn es stimmte nicht, bisher jedenfalls nicht. Aber heute war Freitag. Dann würde Freitag gewesen sein. Und damit alles anders. Seit sie beschlossen hatten, sich zu treffen – »in echt«, hatte sie gesagt, »live«, hatte er gesagt –, bekam ihr Leben wieder eine Richtung. Sie schlief, sie aß und atmete auf den Freitag hin. Die ungeöffnete Post, die Bücher und Zeitschriften, die sich seit Monaten auf dem Boden stapelten, die Pullover, Blusen und Röcke, die statt im Schrank auf dem Sofa, im Bad und inzwischen auch auf dem Küchenstuhl lagen, das Geschirr, der Müll, die leeren Flaschen: Alles fand allmählich wieder wie von selbst seinen Platz. Die Tage, die sich zuletzt nur noch dunkel und abgewetzt anfühlten, würden wieder leicht und hell werden. Sie würden glänzen vor Zuversicht und Glück. Ja, auch vor Glück, da war Marie ganz sicher.

Sie räumte den Tisch ab – auch dies fiel ihr im Hinblick auf den Freitag wieder leicht –, stellte ihr Glas in die Spüle und öffnete das Fenster. Im Hof spielten Kinder. Ein Mädchen sammelte Kastanien und stopfte sie in die Taschen seiner Jacke. Jedes Mal, wenn es sich bückte, um eine neue aufzuheben, fielen zwei, drei Kastanien aus den prall gefüllten Jackentaschen. Dabei merkte es gar nicht, dass es immer wieder Kastanien aufsammelte, die es zuvor bereits in seine Taschen gestopft hatte. In der Einfahrt küsste sich ein junges Paar. Die Herbstsonne warf eine langgezogene Version ihrer Umarmung in den Hof, wo die Kastanien zwischen goldgelbem Laub lagen. Schon bald, dachte Marie, werden auch wir dort stehen. Wir werden uns in der Einfahrt verabschieden. Wolf wird dabei meinen Kopf in beiden Händen halten und mir ruhig in die Augen schauen. Er wird mir das Haar aus dem Gesicht streichen, vielleicht vorsichtig eine Wimper von meiner Wange pusten, dabei werden wir beide die Augen schließen und uns etwas wünschen – wie Paare das eben machen. Marie fiel ein, dass sie gar nicht genau wusste, welche Farbe seine Augen hatten. *Einmal abgesehen von Liebe und Zuneigung, was sind die Hauptgründe für Ihren Wunsch nach Partnerschaft?*

»Bis Freitag«, hatte er gesagt. Es lag immer etwas Raues in seiner Stimme, als sei er heiser. Marie mochte das. Wenn ihr Gespräch sich dem Ende zuneigte, stellte sie ihm oft einfach noch eine Frage, irgendeine Frage, damit sie seine Stimme länger in sich aufnehmen konnte, so wie man an Herbsttagen die letzten Sonnenstrahlen in sich aufnahm. Was siehst du von deinem Fenster aus?, fragte sie dann, oder: Hast du schon mal ein Auto mit Rechtssteuerung gefahren? Oder: Fragst du dich auch manchmal, warum es in Flugzeugen keine Fallschirme, dafür aber Schwimmwesten gibt? Manchmal konnte sie am Telefon seinen Bartschatten hören. Dies waren die Momente, in denen sie sich ihm ganz nah fühlte. Sie stellte sich dann vor, wie sie zärtlich seinen Nacken berührte, mit den Fingern diese kleine Vertiefung zwischen Schädel und Wirbelsäule kurz unterhalb des Haaransatzes suchte, wo die Haut besonders zart war, und ihn dort küsste.

»Was machst du gerade?«, wollte er immer wissen. Nachdem diese Frage sie mehrmals in Verlegenheit brachte, hatte Marie begonnen, eine Liste mit interessanten Tätigkeiten anzulegen:

Maria Callas hören. Eine Kaninchenpastete zubereiten. Gedichte von Benn lesen. Blumen auf dem Balkon umtopfen. Im aktuellen Ausstellungskatalog von Andreas Gursky blättern. Durch den Regen laufen. Es sollte alles so normal wie möglich, aber doch auch irgendwie interessant klingen. Es machte Marie Spaß, sich diese Dinge auszudenken. Und sie war überrascht, wie bunt und abwechslungsreich ihr Alltag hätte sein können. Tatsächlich aber wartete sie. Auf seine Anrufe. Und darauf, dass endlich etwas passieren würde in ihrem Leben. Genau genommen saß Marie seit Monaten in einem riesigen Wartesaal, in dem die Zeit nur sehr langsam verging. Sie kannte inzwischen jedes Detail der Maserung des Holzes, aus denen die Sitzbänke gefertigt waren, sie wusste, wie viele Bodenfliesen es in der Halle gab und auch, wie viele helle, wie viele dunkle und wie viele mit einem Riss, und sie war bestens vertraut mit den Bewegungen des Sekundenzeigers der gewaltigen Wanduhr, der immer kurz innehielt, bevor er mit einem Ruck die nächste Runde begann. Während sie erneut die Zigarettenkippen zählte, die in der Halle lagen, und die Anzahl der Filterzigaretten mit der Zahl der filterlosen verglich, vergaß sie gelegentlich für einen Augenblick, worauf sie eigentlich wartete. *Was, glauben Sie, könnten Menschen, die Sie gut kennen, am ehesten über Sie denken?*

Linda war die Einzige, die von Wolf wusste. Sie trafen sich am Nachmittag in dem kleinen Café in der Domstraße. Hier schien die Sonne auch im Oktober noch auf die wenigen Tischchen, die draußen standen. »Stell' dir vor, er trägt Socken mit Comicfiguren«, sagt Linda, während sie in ihrem Milchkaffee rührte, »oder er hat sein Handy in so einer spießigen Tasche am Gürtel.« »Andreas hat ein Tattoo und du kannst Tattoos nicht ausstehen«, entgegnete Marie. »Das ist was anderes. Außerdem ist es ein kleines Tattoo. Ein sehr kleines.« »Andreas hört im Auto Simple Minds«, machte Marie weiter. Im Studium hatten Linda und Marie sich geschworen, dass sie niemals etwas mit einem Typen anfangen würden, der ein Tattoo hatte, der Simple Minds hörte oder dem Haare auf dem Rücken wuchsen. Sie rückten ihre Stühle aus dem Schatten. In einer halben Stunde würde die Sonne ganz hinter den Häusern verschwunden sein. Linda spielte mit ihrem Handy. Sie streichelte das Display, als hielte sie etwas sehr Kostbares in der Hand. »Vielleicht ist er militanter Vegetarier«, fuhr sie fort, »oder er kniffelt gerne.« »Er macht was?!« »Vielleicht hat er auch einen Ordnungsfimmel.« Linda kickte eine Kastanie weg. Sie blieb auf dem Asphalt neben dem Reifen eines parkenden Autos liegen. Mit ihrem großen, hellen Fleck sah sie aus wie ein unförmiger Zehennagel. »Vielleicht hat er auch ungepflegte Füße.« Lindas rotes Haar leuchtete in der Sonne. »Oder er hängt beim Essen die Zunge so komisch raus wie der Typ neulich in der Pizzeria.« Linda streckte ihre Zunge so weit es ging heraus und leckte den Rand ihrer Tasse ab. Lindas Mutmaßungen machten Marie nervös. Sie nahm ihr das Handy aus der Hand. »Wie oft habt ihr eigentlich schon telefoniert?« »So ungefähr dreihundertachtundfünfzig Mal.« Es waren ganz genau dreihundertachtundfünfzig Mal – die Nachrichten auf dem Anrufbeantworter nicht mitgezählt –, denn Marie führte darüber eine Liste. »Was?! Und wie lange kennt ihr euch schon?« »Ein knappes Jahr.« Eine Taube näherte sich ihrem Tisch. Marie zuckte mit dem linken Fuß, aber die Taube hüpfte flink zur Seite. Sie warf mit einem Stück Würfelzucker nach dem Vogel. Die Taube öffnete ihre Flügel kurz, tippelte in Richtung Bordsteinkante, beäugte Marie schräg von unten und machte sich an einem Papier zu schaffen, das auf dem Gehweg lag. *Ihr Matching-Ergebnis ist trotz zahlreicher Unterschiede vielversprechend. Sie sollten unbedingt Kontakt aufnehmen.*

»Ich hatte gestern einen komischen Traum. Ich gehe über eine Brücke. Das Geländer dieser Brücke ist übersät mit Vorhängeschlössern in allen Größen. Ein wildes Gewucher aus farbigem Metall. Solche Liebesschlösser wie es sie auch am Eisernen Steg gibt. Ich bin etwa auf der Mitte der Brücke, als ein Paar gerade ein dickes rotes Schloss anbringen will. In diesem Moment kracht die Brücke unter der Last der vielen Metallschlösser zusammen. Erst biegen sich die grünen Eisengeländer. Dann reißt wie in Zeitlupe in der Mitte der Asphalt auf, weil die darunterliegenden Träger gebrochen sind. Das Paar rutscht mitsamt seinem unangebrachten Schloss in die Tiefe. Und ich mit ihnen. Direkt in den eiskalten Fluss. Als eine Möwe auf einer Eisscholle an mir vorbeitreibt, wache ich auf.« Linda zuckte mit den Schultern. »Träume sind so.« »Weißt du, was auf dem Schloss stand?« »Keine Ahnung. Marie und Wolf?« »Nein. Bananen und Magerquark.« Linda schaute Marie fragend an, dann prusteten beide los.

Im Mai hatten sich Marie und Wolf schon einmal verabredet. Seine Mutter sei plötzlich krank geworden, erklärte er später, und er habe kurzfristig nach Innsbruck fahren müssen. Ein Mann, der sich um seine kranke Mutter kümmert, kann kein ganz schlechter Mensch sein, dachte Marie damals. »Wenn er es nicht ist, ist es ein anderer«, meinte Linda jetzt, »irgendwo auf dieser Welt läuft sie genau in diesem Moment herum, die Liebe deines Lebens. Er sitzt vielleicht auch gerade in einem Café und plant mit einem Freund den nächsten Skiurlaub. Oder er erzählt seinen Kollegen einen Witz. Vielleicht fliegt er auch gerade nach Chicago zu einem wichtigen Termin.« »Meinst du wirklich?« »Na, klar. Alles ist möglich. Ihr müsst euch nur noch finden.« Linda reckte ihr Gesicht in die Sonne und schloss die Augen. »Ich mag keine Typen, die Witze erzählen.« Marie löffelte die letzten Milchschaumreste aus ihrer Tasse. *Wenn Sie einander mit Toleranz begegnen, werden Sie eine harmonische Beziehung aufbauen können.*

»Denkst du, dass er diesmal kommt?«, fragte sie unvermittelt und ohne ihren Blick von der Tasse zu wenden. Die Frage war nicht direkt an Linda gerichtet. Eher an die leere Tasse mit den Resten von Milch und Kaffee. An die Bäume auf dem Platz gegenüber. An die Kastanie, die aussah wie ein hässlicher Fußzeh. An den Tisch, die Taube, den langen Schatten, den der Bistrostuhl auf die Straße warf, und den Zuckerwürfel, der unter dem Tisch glitzerte. Viel lieber wäre es ihr gewesen, sie hätten sich in einer Kneipe kennengelernt oder an der Kinokasse oder im Zug. Sie glaubte an den Zufall. Sie wollte nicht suchen. Sie wollte, dass die Liebe sie traf wie ein Blitz und nicht wie das Ergebnis von Matching-Punkten.

»Mein Großvater hatte über zwanzig Jahre lang ein Verhältnis«, Linda begann wieder, mit ihrem Handy zu spielen. »Ich glaube schon, dass er meine Großmutter liebte, aber dieser anderen Frau schien er regelrecht verfallen zu sein. Sie war nicht mal besonders hübsch und mindestens zehn Jahre älter als er. Er lernte sie kennen, als er meine Großmutter im Krankenhaus besuchte. Sie war die Oberschwester. Später ist sie an Krebs gestorben. Mein Großvater ist nach ihrem Tod jede Woche zum Friedhof gegangen. Er hat irgendwelche Wörter auf kleine, flache Steine geschrieben und sie dann auf ihr Grab gelegt. Das hat meine Großmutter einmal gesehen. Da ist dann alles aufgeflogen. Aber die beiden sind trotzdem zusammengeblieben.« »Warum macht man so was?« Linda zögerte. »Weil es Liebe ist?« »Oder weil man nicht anders kann.« »Kommt vielleicht am Ende auf dasselbe heraus.«

Marie beobachtete am Nebentisch zwei Männer in grauen Arbeitsanzügen. Der ältere von beiden hatte zwei schiefe Buchstaben auf seinen Unterarm tätowiert. Er rührte geräuschvoll in seiner Tasse und redete laut. »Dann sie so: Soll ich deine Nummer löschen?« »Hast du gesagt?« »Nein. Hat sie gesagt, verstehst du? Ich sage: So oft treffen ist nicht gut für mich. Verstehst du?« »Hast du gesagt?« »Ja. Habe ich gesagt. Dann sie: Soll ich deine Nummer löschen?« »Hast du gesagt?« »Nein! Das hat Susanne gesagt.« Sein Handy klingelte. *Warum, glauben Sie, haben Sie den richtigen Partner noch nicht gefunden?*

Die Sonne war jetzt endgültig verschwunden, und es wurde kühl. Marie und Linda zahlten und gingen Richtung Park. Marie fiel ein Paar auf. Der Mann war dunkelhäutig, hatte einen kleinen, schwarzen Lederhut auf und einen hellblauen Anzug an. Dazu trug er ein orangefarbenes Hemd. Vor sich hielt er einen Topf mit einer Palme. Die Frau, die ihn begleitete, trug ein hellblaues Kleid und eine orangefarbene Lederjacke. Auf ihrer Wange breitete sich ein dunkler Fleck aus, der fast bis zum Auge reichte und Marie an eine Insel erinnerte. Vielleicht, dachte Marie, liebte die Frau diesen Mann so sehr, dass sich sogar die Farbe ihrer Haut allmählich an seine anpasste. Sie schaute den beiden nach. Die grünen Wedel der Pflanze ragten weit über den Kopf des Mannes und wippten wie der Sicherheitswimpel an einem Kinderfahrrad. »Ich kannte mal jemanden«, lachte Linda und hakte sich bei Marie ein, »der hat immer, wenn ich etwas erzählt habe, meine Sätze fertig gesprochen. Das hat mich wahnsinnig gemacht. Ich habe irgendwann angefangen, mir mitten im Satz ein unerwartetes Ende auszudenken und komische Wörter zu benutzen. Nur, damit er danebenlag. Das konnte nicht gutgehen.« Marie musste an Tom denken, ihren ersten Freund. Sie fuhren nach Sizilien, hatten kaum Geld, schliefen am Strand und liebten sich in dem alten, unbequemen, grünen Passat, den Tom von seinen Eltern zum Abitur bekommen hatte. So fühlt sich Glück an, hatte sie damals gedacht und trotzdem gewusst, dass sie Tom irgendwann verlassen würde. Weil sie nicht glauben konnte, dass das schon das Glück, ihr ganzes Glück, hatte sein sollen. *Aufgrund Ihrer beider Vorlieben und Gewohnheiten wird es in Ihrer Partnerschaft niemals langweilig.*

»Hast du das mit der Zahl eigentlich herausbekommen?«, fragte Linda zum Abschied. Als Marie und Wolf auf dem Partnerportal zum ersten Mal Kontakt miteinander aufnahmen, hieß Wolf noch *handsome69*. Bis heute war Marie nicht sicher, ob die Zahl für sein Geburtsjahr, eine sexuelle Vorliebe oder für irgendetwas anderes stand. Eigentlich war es ihr auch egal. »Ist sein Geburtsjahr«, sagte sie und küsste Linda auf die Wange. »Vielleicht steht er ja gleich im Supermarkt an der Kasse hinter dir.« »Wer?!« »Na, dein Traummann. Vielleicht triffst du ihn, während du darauf wartest, dass dieser Wolf kommt.« Marie war sicher, dass nichts geschehen würde, weil nichts geschehen konnte, solange sie wartete.

Als sie nach Hause kam, kontrollierte sie als Erstes den Anrufbeantworter. Er blinkte nicht, und sie beschloss, dies für ein gutes Zeichen zu halten. Wolf würde um kurz nach neun am Hauptbahnhof ankommen.

Da Marie keine Postleitzahl angegeben hatte, waren ihr nach der Anmeldung auf dem Partnerportal insgesamt 931 Vorschläge angezeigt worden. Darunter ein Tierarzt aus Flensburg, ein IT-Manager aus Überlingen, ein Dipl.-Ing. Landespflege aus Aachen und ein Akademiker in leitender Position aus Dresden. Fein säuberlich sortiert nach sogenannten Matching-Punkten. Aus irgendeinem Grund fing sie ganz hinten an, so wie sie auch den SPIEGEL jede Woche von hinten zu lesen begann. Ganz hinten waren die Männer, mit denen es am wenigsten Übereinstimmungen gab. Vielleicht war das ein Fehler, überlegte Marie. Wolf war der vorletzte. Die größte Übereinstimmung gab es bei »Pragmatismus«: hier hatte Marie 91 und Wolf 85 Punkte. Bei allen anderen Merkmalen sah es schlechter aus. Besonders der Aspekt »Seelische Energie«, unter dem Marie sich nicht wirklich etwas vorstellen konnte, war auffällig: Hier hatte sie 123 Punkte, Wolf jedoch nur 61. *Welche Rolle spielt Sexualität für Sie in der Partnerschaft?*

Es war bereits dunkel, als Marie die belebte Bahnhofshalle betrat. Eine riesige Leuchtreklame tauchte den Bereich vor der Anzeigetafel in warmes Licht. Der Zug aus München würde an Gleis 9 ankommen und hatte keine Verspätung. Es roch nach dünnem Kaffee, nach Backwaren, heißen Würstchen und Metall. Marie mochte Bahnhöfe. Die großen Abschiede, das Wiedersehen. Taschentücher und Rosen. Tränen und Lachen. Die Eile. Der Übergang. Das Warten, das hier ständig zwischen Zuversicht und Vergeblichkeit hin und her pendelte. Marie schaute auf die Uhr. Vielleicht würde Wolf genau in diesem Moment auch auf die Uhr schauen. Marie ging noch rasch in die Bahnhofsbuchhandlung. Um sich abzulenken, nahm sie ein englisches Musikmagazin aus dem Regal. Direkt neben ihr stand ein Mann in einer braunen Wildlederjacke, seine Tasche stand auf dem Boden zwischen seinen Füßen. Er blätterte in einem Pornoheft. Verstohlen beobachtete Marie, wie der Mann in aller Ruhe die Fotos in dem Heft inspizierte, und hatte große Lust, ihn dabei zu stören. Sie wunderte sich über dieses Gefühl, legte das Musikmagazin weg und verließ die Buchhandlung.

Die Türen des Zugs öffneten sich mit einem lauten Zischen. Marie beobachtete eine arabische Familie, die unzählige Kisten und Koffer aus dem Zug auf den Bahnsteig wuchtete und damit sofort den Zorn der Mitreisenden auf sich zog. Ein älterer Mann stolperte fast über einen langen Gegenstand, der eingewickelt in Plastikfolie zwischen den Gepäckstücken auf dem Bahnsteig lag. Jeder konnte Wolf sein. Ein dunkelhaariger Mann im blauen Parka kam jetzt in langen Schritten auf Marie zu. Er hatte eine kleine Reisetasche dabei. Zwischen den Griffen der Tasche lag zusammengerollt eine Zeitschrift. Marie meinte, das Magazin der Süddeutschen Zeitung zu erkennen. Sie blickten sich an. Der Mann hielt kurz inne und lächelte. Zumindest kam es Marie so vor. Dann ging er weiter. Sie schaute ihm nach, bis er im Gewimmel verschwand.

Auf dem Heimweg entdeckte sie in der U-Bahn den Mann aus der Bahnhofsbuchhandlung. Während er telefonierte, beobachtete er sich in der spiegelnden Fensterscheibe, strich sich über das Haar und zupfte am Kragen seiner Jacke. Er trug einen schmalen Ehering und eine große, sportliche Armbanduhr. Wahrscheinlich fuhr er jetzt nach Hause in sein langweiliges, sauberes Leben, dachte Marie. Der Mann stieg erst an der Endhaltestelle am nördlichen Stadtrand aus. Sie folgte ihm durch die Dunkelheit bis zu einer Reihenhaussiedlung. Obwohl in der Straße auf beiden Seiten Bäume standen, war nirgendwo auf den Gehwegen Laub zu sehen. In einer Einfahrt stand ein Eisenkorb voller Kastanien. Der Mann steuerte auf einen der Vorgärten zu. Der Bewegungsmelder tauchte den Eingang in grelles Licht. Marie konnte sehen, wie die Tür aufging und ein kleiner Junge heraussprang. Jetzt stellte der Mann seine Tasche auf den Boden, ging in die Knie und breitete seine Arme aus. In der Küche rechts neben der Eingangstür war Licht. Hinter den Kräutern auf der Fensterbank hantierte eine Frau. Marie überkam plötzlich eine eigenartige Sehnsucht nach dampfenden Töpfen. Nach dem Duft von Tomatensoße. Nach hässlichen Topflappen, nach Geschirrklappern und langweiligen Fragen. Wie war dein Tage heute? Hast du in der Werkstatt angerufen? Haben wir noch Senf? Nach Streit um den Abwasch und nach flüchtigen Alltagsküssen. Vielleicht, überlegte Marie, nistete sich das Glück mit Vorliebe in Reihenhaussiedlungen ein. Sie machte sich auf den Heimweg. An der Einfahrt, wo der Korb mit den Kastanien stand, zögerte sie kurz, nahm eine der glänzenden braunen Früchte heraus und steckte sie in ihre linke Jackentasche. Der Bewegungsmelder leuchtete noch, als Marie bereits in die nächste Straße einbog.

DAVID LEVI

woo, v. *umwerb*

Ich hatte dir gesagt, es sei lächerlich, dreißig D
Dutzend Rosen am Valentinstag auszugeben. Ich ha
schlichtweg untersagt.

Und was fand ich an diesem Tag, als ich mittags mein E
sen bezahlen wollte? Dreißig Eindollarscheine im Portemonnaie, und auf jedem einzelnen eine Rose aufgedruckt. Ich stellte mir vor, wie du deinen Farbkopierer damit gefüttert hast. Und dazu das Lächeln auf deinem Gesicht. Deshalb musste ich die Frau an der Kasse bitten, rasch ein Foto von meinem Lächeln zu machen, das ich dir sofort zurückschicken konnte.

chten dort ein Wochen-
h, um Ostern herum, in
die den ungesunden Ein-
rem niedrigen Zwischen-
n Vorhängen, es war dun-
eise ließen wir auf einem
en DM-Scheinen zurück,
adressiert an den kleinen Schieber, der uns seine Mansarde weitervermietet hatte).

Dabei hatte die Reise gut angefangen. In Berlin hatte ich in meinem Deutsch, das von Stunde zu Stunde besser wurde, hoffnungsfroh verheißungsvolle Zugfahrkarten nach Prag erstanden, in einem Reisebüro am Kurfürstendamm, einem jener großflächigen und gut florierenden Reisebüros, an deren Fensterscheiben immer wieder neue gelbweiße Schmetterlinge mit verlockenden Reiseangeboten prangen, Anzeigen mit Preisen und Reisezielen, unschlagbare Angebote für einen Aufenthalt auf den Balearen, in Florida, Tunesien. Ich hatte zwei Fahrscheine nach Prag gekauft, zwei 1. Klasse-Plätze im Morgenzug, der täglich von Berlin über Prag nach Budapest verkehrt, einem jener alten Züge, bei deren Anblick bereits einem das Herz aufgeht, innen ganz mit Samt bezogen, mit kleinen Netzen an den Sitzen für die Zeitungen, individuellen Kopfkissen, allerliebsten Fußbänken, samtüberzogen, weich wie Kopfkissen und rund wie Betschemel. Der Zug war kaum abgefahren, da begannen wir, Madeleine und ich, die Körper in den verstellbaren Sitzen nach hinten geneigt und die Schuhe bereits ausgezogen, auch schon unsere Zeitungen vor uns aufzuschlagen und uns ihren Inhalt gemächlich zu Gemüte zu führen, wobei wir unsere Socken wohlig aneinanderrieben, zunächst jeder für sich allein, im bewußtlosen Genuß unserer einsamen Lektüre, dann, nach und nach, gemeinsam, bis sich schließlich unsere Füße und Arme zur ungezügelten Freude unserer Sinne vermischten, in der Euphorie der beginnenden Reise unsere Münder vereinigten, unsere Beine, Arme, was weiß ich noch, unsere Hüften, unsere Unterleiber. Wie man sich in einem Zug liebt, davon hast du offensichtlich keine Ahnung, sagte sie lächelnd.

Wir hatten uns in den Speisewagen gesetzt, und nach einem eifrigen kurzen Blick auf die speckige Speisekarte in einer weinroten Plastikhülle, die auf tschechisch und deutsch verschiedene Sorten Wurst oder Schweinefleisch anbot, mit der obligaten Beilage Kartoffeln, bestellten wir die teuersten Gerichte auf der Karte, Schweinebraten und Würste, entweder das oder Spiegeleier, zu denen wir beim Kellner, der uns bediente, noch zwei Flaschen schön gekühltes tschechisches Bier orderten. Beide hatten wir schon einige Schlucke des frischen *Budweiser* getrunken, aßen gemächlich, ließen uns gelegentlich auch einen Happen Schweinebraten munden, den wir uns über den Tisch reichten, übrigens eher wie ein zueinander fürsorgliches Paar als ein in Leidenschaft entflammtes und zum Selbstmord bereites böhmisches Liebespärchen, das gemeinsam aus einem glühendheißen länglichen Silberlöffel Zabaglione schlürft (wie wir es taten, Madeleine und ich, als wir noch jünger waren), als plötzlich, in diesem fast menschenleeren Speisewagen, dessen altmodischer Plüsch uns entzückte, die Sonne durch die

Wolken brach und die Landschaft Sachsens in helles Licht tauchte. Das ist das Bild, das ich von dieser Reise in Erinnerung behalten werde, Madeleine und ich an einem Tisch uns gegenüber sitzend in diesem sonnendurchfluteten Speisewagen, der uns nach Prag fuhr. Am Wagenfenster zogen die wechselnden Ufer der Elbe vorbei, deren windungsreichem Lauf der Zug sich anschmiegte, sich parallel zum Fluß schlängelte, regelmäßig, seinen Biegungen und Windungen folgte. Ich hatte seit einer Weile schon mein Bier ausgetrunken, und mein ganzes Sein badete nun in einer ganz behutsam und sanft beginnenden Trunkenheit, die meine Wangen massierte wie ein Hauch von Honig. Gewiegt von der nahe bevorstehenden Verheißung Prag (die kein noch so winziges Realitätspartikel bislang getrübt hatte), betrachtete ich Madeleine, die mir gegenüber in der Fülle unserer noch heilen Hoffnungen lächelte, während die Luft um uns herum funkelte, weich und sanft längs der durchbrochenen Spitzenvorhänge des Wagenfensters wehte, über unsere Teller, die Bestecke, über unsere auf dem Tisch ineinander verschlungenen Hände, über die Fliegen.

JUDITH HERMANN

Sonja

Sonja war biegsam. Ich meine nicht dieses »biegsam wie eine Gerte«, nicht körperlich. Sonja war biegsam – im Kopf. Es ist schwierig zu erklären. Vielleicht – daß sie mir jede Projektion erlaubte. Sie erlaubte mir jede mögliche Wunschvorstellung von ihrer Person, sie konnte eine Unbekannte sein, eine kleine Muse, jene Frau, der man einmal auf der Straße begegnet und an die man sich noch Jahre später mit dem Gefühl eines ungeheuren Versäumnisses erinnert. Sie konnte dumm sein und bieder, zynisch und klug. Sie konnte herrlich sein und schön, und es gab Augenblicke, da war sie ein Mädchen, blaß im braunen Mantel und wirklich unwichtig; ich glaube, sie war so biegsam, weil sie eigentlich nichts war.

Ich begegnete Sonja auf einer Zugfahrt von Hamburg nach Berlin. Ich hatte Verena besucht und war auf dem Heimweg; ich hatte acht Tage mit ihr verbracht, und ich war sehr in sie verliebt. Verena hatte einen Kirschmund und rabenschwarzes Haar, das ich ihr jeden Morgen zu zwei dicken, schweren Zöpfen flocht, wir gingen am Hafen spazieren, ich sprang um sie herum, rief ihren Namen, verscheuchte die Möwen, fand sie wunderbar. Sie fotografierte Docks, Frachtkähne und Imbißbuden, redete viel, lachte ständig über mich, und ich sang »Verena, Verena«, küßte ihren Kirschmund und hatte große Lust, nach Hause zu fahren und zu arbeiten, den Geruch von ihrem Haar an den Händen.

Es war Mai, der Zug fuhr durch die Mark Brandenburg, und die Wiesen waren sehr grün unter langen, frühabendlichen Schatten. Ich verließ das Abteil, um eine Zigarette zu rauchen, und draußen, auf dem Gang, stand Sonja. Sie rauchte und stemmte das rechte Bein gegen den Aschenbecher; als ich neben sie trat, zog sie die Schultern unwillkürlich nach vorn, und irgend etwas stimmte nicht mit ihr. Die Situation war gewöhnlich – der schmale Gang eines ICE irgendwo zwischen Hamburg und Berlin, zwei Menschen, die zufällig nebeneinanderstehen, weil sie beide eine Zigarette rauchen wollen. Sonja aber starrte aus dem Fenster mit einer unglaublichen Sturheit, sie hatte eine Körperhaltung wie bei einem Bombenalarm. Sie war überhaupt nicht schön. Sie war in diesem allerersten Moment alles andere als schön, wie sie dastand, in einer Jeans und einem weißen, zu kurzen Hemd, sie hatte schulterlanges, glattes, blondes Haar, und ihr Gesicht war so ungewohnt und altmodisch, wie eines dieser Madonnenbilder aus dem 15. Jahrhundert, ein schmales, fast spitzes Gesicht. Ich schaute sie von der Seite an, ich fühlte mich unwohl und war ärgerlich, weil mir die Erinnerung an Verenas Sinnlichkeit entglitt. Ich zündete mir eine Zigarette an und lief rauchend den Gang hinunter, ich hatte das Bedürfnis, ihr einen zotigen Ausdruck ins Ohr zu flüstern. Als ich mich umdrehte, um in mein Abteil zurückzugehen, schaute sie mich an.

Irgend etwas Ironisches ging mir durch den Kopf, etwas darüber, daß sie es nun doch gewagt hatte, mich anzusehen, der Zug ratterte, und in einem der hinteren Abteile schrie ein Kind. Ihre Augen waren nichts Besonderes, sie waren vielleicht grün, nicht sehr groß, und sie standen ziemlich eng beieinander. Ich dachte überhaupt nichts mehr, ich schaute sie an, sie schaute zurück, ohne Erotik, ohne Flirt, ohne Schmelz, aber mit einem Ernst und einer Direktheit, daß ich sie hätte ins Gesicht schlagen können. Ich trat zwei Schritte auf sie zu, sie lächelte ansatzweise. Dann war ich in meinem Abteil und riß die Tür hinter mir zu, fast außer Atem.

Der Zug hielt am Zoologischen Garten, als es schon dunkel war. Ich stieg aus, fühlte mich seltsam erleichtert und bildete mir ein, die Stadt riechen zu können. Es war warm, der Bahnsteig voller Menschen, ich nahm die Rolltreppe zur U-Bahn hinunter, und obwohl ich sie nicht gesucht hatte, entdeckte ich sie sofort. Sie war drei, vier Meter vor mir, trug eine kleine, rote Hutschachtel in der rechten Hand; ihr Rücken war eine einzige Aufforderung. Ich ignorierte sie mit zusammengebissenen Zähnen. Ich blieb am Pressecafé stehen, um Tabak und die Abendzeitung zu kaufen, und dann war sie neben mir und sagte: »Soll ich warten.«

Sie fragte nicht, sie sagte es einfach und schaute dabei auf den Boden, ihre Stimme war aber überhaupt nicht verlegen, sondern fest und ein wenig rauh. Sie war sehr jung, vielleicht neunzehn oder zwanzig Jahre alt, mein Unbehagen löste sich auf und wich Überlegenheit. Ich sagte: »Ja«, ohne eigentlich zu wissen, warum, bezahlte Tabak und Zeitung, und dann liefen wir nebeneinander her zur U-Bahn. Der Zug kam, wir stiegen ein; sie schwieg, stellte ihre alberne Hutschachtel ab, und kurz bevor die Situation unangenehm wurde, fragte sie:

»Wo kommst du her?« Diesmal war es eine wirkliche Frage. Ich hätte sagen können, daß ich meine Freundin in Hamburg besucht hatte, aber aus irgendeinem Grund sagte ich:

»Ich war mit meinem Vater fischen.«

Sie starrte auf meinen Mund, ich war nicht sicher, ob sie überhaupt zugehört hatte, aber plötzlich wußte ich, daß sie beschlossen hatte, mich haben zu wollen. Sie mußte mich schon vorher gesehen haben, vielleicht in Hamburg, vielleicht in Berlin. Sie kannte mich, bevor ich sie das erste Mal wahrgenommen hatte, und als ich mich neben sie stellte, um eine Zigarette zu rauchen, zog sie die Schultern nach vorn, weil sie begonnen hatte zu handeln. Sie hatte diese Situation geplant, sie hatte gewußt, daß es so kommen würde, und jetzt wurde sie mir unheimlich. Ich zog meinen Rucksack auf die Schulter, sagte: »Ich muß aussteigen.« Sie holte mit unglaublicher Schnelligkeit einen Stift aus ihrer Hutschachtel, schrieb etwas auf einen Zettel und drückte ihn mir in die Hand – »Du kannst mich anrufen.«

Ich antwortete nicht; stieg aus, ohne mich zu verabschieden, und steckte den Zettel in die Tasche meiner Jacke, statt ihn wegzuwerfen.

Dieser Mai war warm und sonnig. Ich stand früh auf, arbeitete viel im Atelier, schrieb ungezählte Briefe an Verena. Sie schrieb selten zurück, aber manchmal rief sie an, um mir irgendwelche Geschichten zu erzählen, und dann genoß ich ihre Stimme und ihre Unbeschwertheit. In meinem Hinterhof blühten die Linden, ich spielte mit den Türkenjungs Fußball und sehnte mich nach Verena, ohne mich zu quälen. Wenn es dunkel wurde, zog ich los, die Stadt war wie in einem kleinen Rausch, ich ging trinken und tanzen, es gab Frauen, die mir gefielen, aber dann dachte ich an Verena und ging allein nach Haus.

Zwei Wochen später fand ich in meiner Jacke Sonjas Zettel wieder. Sie hatte in großen, runden Zahlen ihre Telefonnummer und darunter nur ihren Vornamen aufgeschrieben, ich sagte ihn leise vor mich hin – »Sonja«. Dann rief ich sie an. Sie ging ans Telefon, als hätte sie seit zwei Wochen danebengesessen und nichts anderes getan, als auf meinen Anruf gewartet. Ich mußte mich nicht erklären, sie wußte sofort, wer ich war, und wir verabredeten uns für den Abend in einem Café am Ufer.

Ich legte auf, bereute nichts, rief Verena an und schrie gut gelaunt in den Hörer, daß ich sie bis zum Verrücktwerden lieben würde. Sie kicherte und sagte, sie käme in drei Wochen nach Berlin; dann fing ich an zu arbeiten, pfiff die Melodie von *Wild Thing* und ging gegen Abend los, die Hände in den Taschen und kein bißchen aufgeregt.

Sonja kam eine halbe Stunde zu spät. Ich saß an der Bar und hatte mein zweites Glas Wein bestellt, als sie das Café betrat. Sie trug ein unglaublich altmodisches, rotes Samtkleid, und ich bemerkte irritiert, daß sie Aufsehen erregte. Sie stöckelte auf viel zu hohen Schuhen auf mich zu, sagte »Hallo« und »Entschuldigung«, und ich war kurz versucht ihr zu sagen, daß ich sie unmöglich fand, ihre Aufmachung, ihre Unpünktlichkeit, ihre ganze Person. Aber dann grinste sie, kletterte auf den Barhocker, kramte ihre Zigaretten aus einem winzigen Rucksack hervor, und mein Ärger löste sich in Belustigung auf. Ich trank meinen Wein, drehte mir eine Zigarette, grinste zurück und fing an zu reden.

Ich redete über meine Arbeit, meine Eltern, meine Vorliebe fürs Fischen, über meinen Freund Mick und über Amerika. Ich redete über Leute, die im Kino mit Bonbonpapier knistern, über Francis Bacon und Pollock und Anselm Kiefer. Ich erzählte von Dänemark, von den Türkenjungs in meinem Hinterhof und von dem Geliebten, den meine Mutter vor zehn Jahren gehabt hatte, von der Zubereitung von Lamm und Kaninchen, vom Fußball und von Griechenland. Ich schilderte Kios und Athen, die Brandungswellen vor Husum und das Laichen der Lachse im Sommer in Norwegen. Ich hätte Sonja zu Tode reden können, und sie hätte sich nicht gewehrt. Sie saß einfach da, den Kopf in die Hände gestützt, schaute mich an, rauchte irrsinnig viele Zigaretten und trank ein einziges Glas Wein. Sie hörte mir geschlagene vier Stunden lang zu. Ich glaube tatsächlich, sie sagte während dieser ganzen Zeit nicht ein Wort. Als ich fertig war, bezahlte ich für uns beide, wünschte ihr eine gute Nacht, nahm ein Taxi nach Hause und schlief acht Stunden lang traumlos und tief.

Ich vergaß Sonja sofort. Ich bereitete meine Ausstellung vor, es wurde Juni, und Verena kam nach Berlin. Sie brachte meine Pfandflaschen zurück, kaufte Unmengen von Lebensmitteln ein, stellte die Küche mit Fliedersträußen voll und war ständig bereit, mit mir ins Bett zu gehen. Sie sang in der Wohnung, während ich arbeitete, sie putzte meine Fenster, telefonierte Stunden mit ihren Freunden in Hamburg und kam immerzu ins Atelier gelaufen, um mir irgend etwas zu erzählen. Ich kämmte ihre Haare, fotografierte sie von allen Seiten und begann von Kindern und vom Heiraten zu sprechen. Sie war ziemlich groß, auf der Straße drehten sich die Männer nach ihr um, sie roch wunderbar, und ich meinte es ernst.

Am Ende des Monats eröffnete ich die Ausstellung. Verena war zum Bahnhof gefahren, um ihre Freunde abzuholen, und ich lief unruhig in der Galerie auf und ab, hängte ein letztes Bild noch einmal um und war nervös. Gegen sieben Uhr kam Verena zurück, scheuchte ihre Freunde an meinen Bildern vorbei, und ich verließ die Galerie, um fünf Minuten alleine zu sein. Ich ging auf die andere Straßenseite, und dort, in einem Hauseingang, stand Sonja. Ich weiß bis heute nicht, ob sie zufällig vorbeigekommen war oder ob sie auf irgendeine Art und Weise von der Ausstellung erfahren hatte, sie kannte nur meinen Vornamen, und ich hatte von der Galerie nichts erzählt. Sie stand da und sah unglaublich wütend aus, anmaßend wütend geradezu, und dann sagte sie: »Du wolltest dich melden. Du hast dich nicht gemeldet. Ich wüßte gerne, warum, denn ich find's nicht gut.«

Ich war wirklich verblüfft über diese Unverschämtheit, ich wurde ärgerlich und unsicher und sagte: »Meine Freundin ist hier. Ich kann mich nicht aufteilen. Ich will nicht.«

Wir standen voreinander, starrten uns an. Ich fand sie taktlos. Ihre Mundwinkel begannen zu zittern, und ich hatte das Gefühl, daß irgend etwas völlig falsch lief. Sie sagte: »Kann ich trotzdem reinkommen?«, ich sagte: »Ja«, drehte mich um und ging in die Galerie zurück.

Zwanzig Minuten später kam sie rein. Es war inzwischen voll geworden, sie fiel überhaupt nicht auf, dennoch sah ich sie sofort. Sie kam rein mit einem ganz angespannten Gesichtsausdruck und einer bemüht stolzen Haltung. Sie wirkte sehr klein und verletzlich. Sie suchte mich, ich schaute sie an und sah dann zu Verena, die an der Bar stand. Sonja folgte meinem

Blick und begriff sofort. Ich hatte keine Angst vor einer Szene, es hätte keinen Grund für irgendeinen Skandal gegeben. Trotzdem wußte ich, daß er möglich war und daß er nicht geschehen würde, wußte ich ebenso. Ich sah Sonja hinterher, wie sie vor meinen Bildern auf und ab lief; das einzige, wodurch sie sich verriet, war die Tatsache, daß sie vor jedem Bild eine halbe Stunde lang stehenblieb. Ich saß auf meinem Stuhl, beobachtete sie und trank jede Menge Wein, zwischendurch kam Verena und redete irgend etwas von »stolz auf mich sein«. Es ging mir ganz gut, aber unter all dem spürte ich eine Unruhe, die mir fremd war. Sonja sah mich nicht noch einmal an. Nachdem sie vor dem letzten Bild eine Viertelstunde lang ausgeharrt hatte, marschierte sie entschlossen zur Tür und ging.

Im Juli fuhr Verena zurück nach Hamburg. Ich wurde ihrer nicht müde, ich war mir sicher, ein ganzes Leben mit ihr verbringen zu können, aber als sie fort war, vertrockneten die Fliedersträuße in der Küche, die Pfandflaschen sammelten sich wieder an, der Staub flirrte durchs Atelier, und ich vermißte sie nicht. Die Stadt war für Wochen in ein gelbes Licht getaucht, es war sehr heiß, und ich verbrachte Stunden damit, in meinem Zimmer nackt auf dem Holzboden zu liegen und an die Decke zu starren. Ich war nicht unruhig, nicht gereizt, ich war müde und in einem seltsamen Zustand der Emotionslosigkeit. Vielleicht rief ich Sonja deshalb doch noch einmal an, ich fand das Ganze eigentlich hoffnungslos, aber, mein Gott, es war Hochsommer, in meinem Hinterhof saßen die türkischen Frauen und rupften Gänse, die weißen Federn taumelten bis zu meinem Fenster empor; ich wählte Sonjas Nummer und ließ es zehn oder zwanzig Mal klingeln. Sie war nicht zu

Hause. Jedenfalls ging sie nicht ans Telefon. Ich versuchte es wieder und wieder, ich hatte eine fast größenwahnsinnige Lust, sie zu quälen, sie leidend zu machen. Sonja entzog sich.

Sie entzog sich fast vier Monate lang. Erst im November bekam ich über die Galerie eine Karte von ihr zugeschickt, es war ein Schwarzweißfoto von irgendeiner tschechowartigen Gesellschaft, und auf der Rückseite stand eine Einladung zu einem Fest.

Ich putzte meine Schuhe, konnte mich lange nicht zwischen der Lederjacke und dem Mantel entscheiden, wählte die Lederjacke und ging gegen Mitternacht los; ich war nervös, weil ich wußte, daß ich niemanden auf diesem Fest kennen würde. Ich irrte lange durch das Industrieviertel, in dem Sonja damals lebte. Das Haus, in dem sie wohnte, stand zwischen einer Autoschrottpresse und einer Fabrik direkt an der Spree, es war ein graues, altes Mietshaus, und bis auf die hellerleuchteten Fenster im dritten Stock war es dunkel. Ich schwankte die Treppen empor; das Flurlicht funktionierte nicht. Ich war hin- und hergerissen zwischen albernem Gelächter und Verärgerung; ich empfand plötzlich all das wie eine Zumutung. Aber dann war ich oben angelangt, die Wohnungstür stand offen, irgend jemand zog mich in den Flur, und dort stand Sonja. Sie stand an die Wand gelehnt, sie sah ein bißchen betrunken aus, sie lächelte mich an mit einem absolut siegesgewissen Gesichtsausdruck, und ich fand sie zum ersten Mal schön. Neben ihr stand eine kleine Frau in einem seetanggrünen, langen Kleid und mit einer unglaublichen Fülle von rotem Haar, und Sonja deutete auf mich und sagte: »Das ist er.«

Sie hatte vielleicht fünfzig Leute eingeladen, ich war mir sicher, daß sie mit den wenigsten wirklich befreundet war. Aber es war eine Zusammenstellung von Gästen, Gesichtern und Charakteren, die dazu führte, daß dieses alte Mietshaus an der Spree sich irgendwann von der Wirklichkeit zu lösen schien. Empfindungen dieser Art sind mir eigentlich fremd, doch manchmal – sehr selten – gibt es Feste, die man nicht vergißt, und Sonjas Fest war ein solches. Aus drei oder vier fast leeren Zimmern schien Kerzenlicht, irgendwo sang Tom Waits, ich war überhaupt nicht betrunken, und dennoch begann alles – zu schwimmen. Ich ging in die Küche und holte mir ein Glas Wein, und dann spazierte ich durch Sonjas Zimmer und führte eine Unzahl absonderlicher Gespräche mit einer Unzahl absonderlicher Menschen. Sonja schien überall zu sein. Wo auch immer ich war, stand sie an der anderen Seite des Raumes, vielleicht war auch ich immer dort, wo sie war. Sie hatte sich eine Menge Verehrer eingeladen, jedenfalls war sie ständig von einer wechselnden Gruppe junger Männer umgeben, und sie hatte meist diese rothaarige Frau neben sich. Sonja trank Gläser voll Wodka und hatte immer eine Zigarette in der Hand; wir redeten mit irgend jemand und schauten uns dabei durch den Raum hinweg an. Ich glaube, wir wechselten fast kein einziges Wort miteinander. Es war nicht nötig, sie schien es schön zu finden, daß ich da war, und ich genoß es, mich in ihrer Wohnung zu bewegen und mir dabei von ihr zuschauen zu lassen.

Irgendwann sah ich sie mit einem sehr großen und merkwürdig ungelenken Mann an der Wohnungstür stehen, sie lehnte sich an ihn, ich spürte ein leises Ziehen im Magen, und vielleicht eine halbe Stunde später war sie weg. Sie war einfach verschwunden.

Vor den Fenstern wurde das Licht grau, ich lief durch die Zimmer und versuchte, sie zu finden, aber sie war nicht mehr da. Die kleine, rothaarige Frau kam auf mich zu, ihr Lächeln war genauso siegesgewiß wie Sonjas vor Stunden, sie sagte:

»Sie ist weg. Sie geht immer zum Schluß.« Also trank ich meinen Wein aus, zog meine Jacke an und ging ebenfalls. Ich glaube, ich hoffte, daß sie unten auf mich warten würde, ein wenig frierend, die Hände in den Taschen eines Wintermantels, aber natürlich wartete sie nicht. Die Spree war wie aus Stahl in diesem Morgenlicht, ich stolperte die Straße entlang; es war sehr kalt, und ich weiß noch, ich war sehr wütend.

Danach sah ich Sonja fast jede Nacht. Ich begann wieder früh aufzustehen, trank zwei Kannen Tee, duschte eiskalt, fing an zu arbeiten. Gegen Mittag schlief ich eine Stunde lang, trank dann Kaffee, las die Tageszeitung, arbeitete weiter. Ich war in einem gleichzeitig wilden und kalten Rausch der Bilder und Farben; ich hatte das Gefühl, niemals vorher so klar im Kopf gewesen zu sein. Sonja kam sehr spät am Abend; manchmal war sie so müde, daß sie an meinem Küchentisch einschlief, aber sie kam immer, und sie sah immer tapfer aus. Ich kochte für uns, wir tranken eine Flasche Wein miteinander, ich räumte das Atelier auf, während sie auf Strümpfen leise hinter mir herlief.

Ich wußte nicht, daß die Tatsache, daß ich sie in meine Wohnung und in mein Atelier ließ, daß sie an meinem Küchentisch und inmitten meiner Notizen sitzen konnte, daß ich vor ihren Augen Fotos entwickelte und kleine Zeichnungen malte, ein

Geschenk für Sonja war. Auf ihre Art nahm sie mich sehr ernst. Sie betrat das Atelier mit einer fast sakralen Andacht, sie stand vor meinen Bildern mit der Ehrfurcht eines Museumsbesuchers, und sie setzte sich an meinen Küchentisch, als bekäme sie eine Audienz. Sie störte mich nicht, weil mir all das damals eigentlich nicht bewußt war. Sie ging mir nicht auf die Nerven, weil sie viel zu eigensinnig und zu zäh war. Ich bemerkte nicht, daß Sonja dabei war, sich in meinem Leben zu verhaken. Sie war für mich in diesen Nächten eine kleine, müde und von irgend etwas besessene Person, die mir auf ihre seltsame Art Gesellschaft leistete; die bei mir saß, mir zuhörte, mir ein eitles Gefühl von Wichtigkeit verlieh.

Sonja redete nie. So gut wie nie. Ich weiß bis heute nichts über ihre Familie, ihre Kindheit, ihre Geburtsstadt, ihre Freunde. Ich habe keine Ahnung, wovon sie lebte, ob sie Geld verdiente oder ob jemand sie aushielt, ob sie berufliche Wünsche hatte, wohin sie wollte, und was. Der einzige Mensch, von dem sie manchmal sprach, war diese kleine, rothaarige Frau, die ich auf ihrem Fest gesehen hatte; sonst erwähnte sie niemanden, erst recht keine Männer, obgleich ich sicher war, daß es genug davon gab.

In diesen Nächten redete ich. Ich redete wie zu mir selbst, und Sonja hörte zu, und oft schwiegen wir, und auch das war gut. Ich mochte ihre Begeisterung für bestimmte Dinge, für den ersten Schnee, über den sie außer sich geraten konnte wie ein Kind, für ein Orgelkonzert von Bach, das sie auf meinem Plattenspieler immer und immer wieder von vorne laufen ließ, für türkischen Kaffee nach dem Essen, U-Bahnfahren früh morgens um sechs, das Beobachten der Szenen hinter den hellerleuchteten Fenstern in meinem Hinterhof in der Nacht. Sie stahl Kleinigkeiten aus meiner Küche, wie Walnüsse, Kreiden und selbstgedrehte Zigaretten, und bewahrte sie in den Taschen ihres Wintermantels auf wie Heiligtümer. Sie brachte fast jeden Abend irgendwelche Bücher mit, die sie auf meinen Tisch legte, sie bat mich inständig, sie zu lesen, ich las sie nie und weigerte mich auf ihr Nachfragen, mit ihr darüber zu sprechen. Wenn sie im Sitzen einschlief, ließ ich sie eine Viertelstunde lang schlafen und weckte sie dann mit der Distanz eines Schullehrers. Ich zog mich um, und dann gingen wir aus, Sonja an meinen Arm geklammert und fasziniert von unseren Fußspuren, den einzigen im frischgefallenen Schnee auf dem Hof.

Wir zogen von einer nächtlichen Bar in die nächste, tranken Whisky und Wodka, und manchmal löste sich Sonja von meiner Seite, setzte sich an einen anderen Platz an der Bar und tat so, als würde sie mich nicht kennen, bis ich sie unter Lachen zurückrief. Sie wurde ständig angesprochen, entzog sich aber immer und stellte sich mit stolzer Miene wieder neben mich. Mir war das völlig egal. Ich fühlte mich durch ihre seltsame Attraktivität geschmeichelt, ich beobachtete sie mit beinahe wissenschaftlichem Interesse. Manchmal, denke ich, hätte ich mir gewünscht, sie mit einem dieser Verehrer verschwinden zu sehen. Sie aber blieb in meiner Nähe, solange, bis es draußen hell wurde und wir die Bar verließen, die Augen gegen das graue und strähnige Morgenlicht zukneifend. Ich brachte sie zu einer Bushaltestelle und wartete, bis der Bus kam. Dann stieg sie ein, sah zittrig aus und traurig, ich winkte kurz und ging los, in Gedanken schon wieder bei meinen Bildern.

Heute denke ich, daß ich in diesen Nächten wohl glücklich war. Ich weiß, daß sich die Vergangenheit immer verklärt, daß die Erinnerung besänftigend ist. Vielleicht waren diese Nächte auch einfach nur kalt und in zynischer Weise unterhaltsam. Heute aber kommen sie mir so wichtig vor und so verloren, daß es mich schmerzt.

Verena war in dieser Zeit auf Reisen, sie fuhr durch Griechenland, Spanien, Marokko, sie schickte Karten von Palmenstränden und von Arabern auf Kamelen, und manchmal rief sie mich an. Wenn Sonja zufällig da war, stand sie auf und verließ den Raum; sie kam erst wieder, wenn ich ihr durch Rumoren und Stühlerücken zu verstehen gab, daß das Gespräch beendet sei. Verena schrie in den Hörer, die Verbindung war meist schlecht, ein Meeresrauschen und ein Wind, so schien es, und ich konnte mich damit über meine plötzliche Wortkargheit retten. Ich vergaß Verena nicht. Ich dachte an sie, ich schickte Briefe und Fotografien in ihre Hamburger Wohnung, ich freute mich über ihre Anrufe. Sonja hatte mit all dem nichts zu tun, hätte man mich gefragt, ob ich in sie verliebt sei, so hätte ich erstaunt und sicher geantwortet – nein. Verena meinte dennoch, Veränderungen feststellen zu können, sie schrie ins Telefon, daß ich ihr nichts mehr zu sagen hätte, sie wollte wissen, wie oft ich sie mit anderen Frauen betrog. Ich mußte lachen, und sie legte auf.

Im Januar kam eine Karte aus Agadir, auf der sie mir ihre Ankunft für Ende März mitteilte – *Ich komme im Frühling*, schrieb sie, *und dann bleibe ich lang*. Ich legte die Karte auf den Küchentisch und wartete, bis Sonja sie fand. Ich wußte, daß sie gewohnheitsmäßig, ohne unverschämt neugierig zu sein, die Zettel und Papiere auf meinem Schreibtisch durchblätterte. An diesem Abend sah ich ihr von der Tür aus zu, sie stand am Tisch, betrachtete ein Foto, malte mit meinen Kreiden herum, drehte sich eine Zigarette und sah dann die Karte, auf deren Vorderseite ein Feuerwerk abgebildet war. Sie las und ließ die Karte in der Hand; sie stand still, dann wandte sie sich zu mir um, als hätte sie gewußt, daß ich dastand und sie beobachtete.

»Tja«, sagte ich. Sie sagte gar nichts. Sie starrte mich einfach an, und ich bekam fast so etwas wie Angst. Wir gingen zusammen aus, und alles war falsch, ich fühlte mich schuldig und war wütend, ich hatte das Gefühl, ihr etwas erklären zu müssen, von dem ich nicht wußte, was es war. In dieser Nacht schlief sie das erste Mal bei mir. Ich hatte sie noch nie geküßt, ich hatte sie noch nie berührt, wir gingen nachts Arm in Arm durch die Straßen, und dabei blieb es. Sie zog sich eines meiner Hemden an, während ich im Bad war, als ich ins Zimmer zurückkam, hockte sie schon in meinem Bett und klapperte mit den Zähnen. Es war unglaublich kalt, ich legte mich zu ihr, wir lagen Rücken an Rücken, einzig die kalten Sohlen unserer Füße berührten sich wirklich. Sonja sagte: »Gute Nacht«, ihre Stimme war weich und klein, ich fühlte mich fürsorglich und auf eine unwirkliche Art gerührt. Ich war überhaupt nicht erregt, nichts hätte mir ferner gelegen, als jetzt mit ihr zu schlafen, dennoch war ich beleidigt, als ich an ihren ruhigen und gleichmäßigen Atemzügen bemerkte, daß sie schon eingeschlafen war. Ich lag noch lange wach, es wurde warm unter der Bettdecke, ich rieb meine Füße ganz sacht an ihren.

Ich weiß noch, daß es wie inzestuös gewesen wäre, mit ihr zu schlafen, ihre Brüste zu berühren, ich fragte mich, wie es sein würde, Sonja zu küssen, dann schlief ich ein.

Am Morgen war sie fort, auf dem Küchentisch lag ein kleiner, abgerissener Zettel mit einem Gruß, ich ging ins Bett zurück und zog mir das Hemd an, das sie in der Nacht getragen hatte.

So verschwand sie wieder. Sie kam am nächsten Abend nicht und nicht am übernächsten. Ich wartete drei Abende lang, dann begann ich wiederum, sie anzurufen. Sie ging nicht ans Telefon, oder sie war tatsächlich nicht da. Ich fing an, am Tag durch die Stadt zu streifen, ich saß nutzlos in Cafés herum, von denen sie manchmal gesprochen hatte, ich stand Stunden vor dem alten Mietshaus an der Spree; sie blieb verschwunden. Hinter ihren Fenstern brannte niemals Licht, aber an der Tür stand noch immer ihr Name, und das Stück Papier, das ich zur Kontrolle manchmal unter den Türrahmen legte, war immer wieder verschoben. Auf ihre Weise entkam sie mir, und als es März wurde, war ich der Suche überdrüssig und begann, mich auf Verena vorzubereiten.

Ich räumte meine Wohnung auf und versuchte die Spuren von Sonjas Besuchen zu verwischen. Tatsächlich aber gab es überhaupt keine Spuren. Drei Monate mit einer müden, verwunschenen kleinen Sonja hatten nichts hinterlassen; ich suchte umsonst und ärgerte mich über mich selbst. Ich rief zum ersten Mal seit Ewigkeiten meinen Freund Mick an, wir gingen Billard spielen und Bier trinken, tanzten mit irgendwelchen Frauen und schlugen uns eine Woche lang durch sämtliche Bars der Stadt. Ich machte hin und wieder den Versuch, etwas von Sonja zu erzählen, dann brach ich ab – was eigentlich hätte ich erzählen sollen, ich wußte es selbst nicht.

Ende März schmolz der letzte Schnee von den Dächern und die Mauersegler kamen zurück. Ich schenkte den Türkenjungs einen neuen Fußball und schnitt mir die Haare kurz. Ich wartete auf irgend etwas, und als eines Abends Verena plötzlich vor der Tür stand, hörte ich auch damit auf. Ich war angekommen. Ich schlief abends neben Verena ein, ich wachte morgens neben ihr auf, ich flocht ihr Haar zu Zöpfen und schenkte ihr eine Espressomaschine. Sie schien länger bleiben zu wollen, und ich fragte sie nicht, wie lange. Ich arbeitete, sie spazierte durch die Stadt; am Abend gingen wir ins Kino und saßen in den kleinen Cafés am Ufer. Verena hängte ihre Sachen in meinen Schrank und fing an, in einer Bar um die Ecke zu arbeiten; wenn das Telefon klingelte, ging sie an den Apparat. Mick sagte, sie wäre so ziemlich das Schönste, was er je gesehen hätte, und ich stimmte ihm zu. Die Tage bekamen ihren eigenen, stetigen Rhythmus. Ich fühlte mich wohl, vielleicht glücklich, bestimmt sehr ruhig. Im Hof begannen die Linden zu blühen, und die ersten Sommergewitter zogen über die Stadt, es wurde heiß. Nur selten hatte ich auf der Straße das Gefühl, jemand liefe dicht hinter mir her; ich drehte mich um, und da war niemand, aber das Gefühl der Irritation blieb. Es gab Augenblicke, in denen ich mich nach etwas sehnte, von dem ich nicht genau wußte, was es war, ein Ereignis vielleicht, irgendeine Art der Sensation, der Veränderung, aber diese Sehnsucht verschwand ebenso schnell, wie sie gekommen war.

An einem Vormittag im Juni fuhren wir mit den Rädern zum Freibad unten an der Spree, Verena bezahlte für uns beide, behauptete, sie sei verrückt nach Wasser und lief barfuß vor mir über die Liegewiese auf der Suche nach einem freien Platz. Im winzigen Schatten einer Birke blieb sie triumphierend stehen, breitete ihr Handtuch aus, setzte sich hin. Direkt neben ihr saß Sonja.

Mein Herz schlug einen absurden Moment lang hoch, ich dachte flüchtig, daß dieses Schlagen wohl doch die ersehnte Veränderung sei, das Stolpern im Rhythmus. Ich blieb stehen und starrte von Verena zu Sonja, und Sonja blickte von dem Buch hoch, in dem sie las, und sah mich, und dann sah sie Verena.

Ich sagte: »Verena. Ich will hier nicht sitzen«, und schaute in Sonjas Gesicht, das auf eine seltsame Weise wie aufgerissen aussah. Sie hatte sich die Haare wachsen lassen, sie war braun in einem blauen Badeanzug und sehr dünn. Mir tat all das entsetzlich leid; Verenas Stimme kam von fern – »Das ist der beste Platz, den dieses Schwimmbad zu bieten hat.« Sie schien nichts zu merken, und ich spürte, daß mir der Kopf zitterte. Sonja stand sehr langsam auf, schlüpfte schlafwandlerisch in ein rotes Kleid und wandte sich zum Gehen. Verena redete irgend etwas, ich verstand sie nicht mehr. Ich hörte nur nichts Mißtrauisches in ihrer Stimme, also ließ ich meine Tasche neben ihre fallen und lief Sonja einfach hinterher. Ich holte sie am Ausgang des Schwimmbades ein. Sie ging rasch und gerade und sah von hinten aus wie ein kleiner, roter Stock. Ich rannte fast, dann war ich neben ihr und hielt sie am Arm fest. Ihre Haut glühte von der Sonne, sie drehte mir ihr verrückt ernstes Gesicht zu und sagte: »Wollen wir uns sehen oder nicht.«

Der Ton in ihrer Stimme war derselbe, in dem sie damals am Bahnhof gesagt hatte: »Soll ich warten«, ich fühlte mich wie ein Idiot und völlig durcheinander, und dann sagte ich: »Ja«, und sie sagte: »Na also«, machte sich los und lief durch das Tor hinaus auf die Straße. Ich schaute ihr hinterher, bis sie nicht mehr zu sehen war, dann kehrte ich zurück zu Verena, die sich auf dem Rücken liegend sonnte und nichts begriffen hatte. Das Gras war dort, wo Sonja gesessen hatte, zerdrückt; ich starrte auf die zwei, drei Zigarettenkippen, die sie hinterlassen hatte, und bekämpfte das Gefühl, die Kontrolle verloren zu haben.

Ich mußte Verena nicht fortschicken – ich hätte das auch nicht getan, ich hätte Sonja heimlich gesehen –, sie ging von selbst. Sie behauptete, mich in meiner Arbeitsphase, was immer das auch sein mochte, nicht stören zu wollen; sie packte ihre Sachen, kündigte in der Bar und fuhr zurück nach Hamburg. Ich glaube, sie war meiner für eine Weile überdrüssig geworden. Sie hatte sich vergewissern wollen, daß ich sie liebte, diese Gewißheit hatte sie bekommen, also ging sie wieder. Ich brachte sie zum Bahnhof, fühlte mich zerschlagen und selten sentimental; ich sagte: »Verena, irgendwann«, und sie lachte und sagte: »Ja.«

Dieser Sommer war Sonjas Sommer. Wir fuhren zum Rudern hinaus an die Seen, und ich ruderte Sonja über das spiegelglatte, schilfgrüne Wasser, bis mir die Arme schmerzten. Wir aßen am Abend in den kleinen Gaststätten der Dörfer – Schinkenplatten und Bier –, und Sonja bekam rote Wangen und ganz sonnenhelles Haar. Wir fuhren mit der Bahn nach Hause, Sträuße von Feldblumen im Arm, die Sonja alle mit zu sich nahm. Ich arbeitete selten, studierte die Landkarten der Umgebung und wollte in allen Seen schwimmen gehen, die es gab. Sonja schleppte immer einen Rucksack voller Bücher mit, las mir vor und rezitierte ein Gedicht nach dem anderen. Die Abende waren warm, wir zählten unsere Mückenstiche, und ich brachte ihr bei, auf einem Grashalm zu blasen. Der Sommer war eine Kette aus hellen, blauen Tagen, ich tauchte in ihn hinein und wunderte mich nicht. Wir verbrachten die Nächte in Sonjas Wohnung, durch deren hohe, große Fenster man die Spree sehen konnte, wir schliefen nicht miteinander, wir küßten uns nicht, wir berührten uns kaum, eigentlich nie. Ich sagte: »Dein Bett ist ein Schiff«, Sonja antwortete nicht – wie immer –, aber sie sah den ganzen Sommer über wie eine kleine Siegerin aus.

Ende Juli, wir saßen auf dem winzigen und leeren Bahnhof von Ribbeck und warteten auf den Abendzug zurück in die Stadt, machte Sonja ihren Mund auf und sagte:

»Irgendwann wirst du mich heiraten.«

Ich starrte sie an und schlug eine Mücke auf meinem Handgelenk tot; der Himmel war rötlich, und über dem Wald lag ein blauer Dunst, ich sagte: »Was bitte?« und Sonja sagte:

»Ja. Heiraten. Wir werden dann Kinder kriegen und alles wird gut.«

Ich fand sie unglaublich blöd. Ich fand sie lächerlich und blöd, und nichts erschien mir absurder, als gerade Sonja zu heiraten und mit ihr Kinder zu bekommen, ich sagte:

»Sonja, das ist lachhaft. Gerade du solltest das wissen. Wie sollen wir das machen – Kinder kriegen? Wir schlafen noch nicht einmal miteinander.«

Sonja stand auf, zündete sich eine Zigarette an, kickte Steinchen und verschränkte die Arme vor der Brust: »Nun, zu diesem Zweck werden wir das eben tun. Nur zu diesem Zweck. Es wird gehen, ich weiß das.«

Ich stand ebenfalls auf, ich hatte das Gefühl, ein unvernünftiges Kind zur Räson bringen zu müssen: »Du bist völlig übergeschnappt, Sonja. Was soll dieser Blödsinn – alles wird gut? Was soll das heißen? Es ist alles gut, also werden wir nicht heiraten.«

Die Gleise begannen zu schwingen; ein hoher Ton lag in der Luft, ganz weit hinten erschien ein Zug. Sonja stampfte mit dem linken Fuß auf den Boden, warf ihre Zigarette weg und marschierte verbockt auf die Schienen zu. Sie sprang vom Bahnsteig, stolperte im Kies und stellte sich schließlich breitbeinig auf die Schienenstränge. Der Zug kam näher, und ich setzte mich wieder. Sonja schrie wutentbrannt: »Heiratest du mich, ja oder nein?« Ich mußte lachen und schrie zurück: »Liebste Sonja! Ja! Ich heirate dich, wann immer du willst!« und Sonja lachte auch, der Zug raste, die Luft roch nach Metall. Ich sagte ihren Namen, ganz leise und erschrocken, dann sprang sie vom Gleis zurück auf den Bahnsteig, der Zug dröhnte vorüber, und sie sagte:

»Ich will ja noch nicht jetzt, weißt du. Aber später. Später will ich schon.«

Im Herbst sahen wir uns seltener, und dann ging sie für eine Weile fort. Sie stand eines Morgens, schon im Wintermantel, vor meiner Tür und sagte: »Mein Lieber, ich muß verreisen und hätte gern noch eine Tasse Tee.«

Ich ließ sie herein, setzte Wasser auf, sie lief durch meine Wohnung und schien unruhig. Ich fragte sie, wohin sie fahren würde. Sie sagte, sie müsse arbeiten, einen Monat lang, dann käme sie wieder; sie wollte offensichtlich wie immer nichts erzählen. Wir tranken schweigend den Tee, dann stand sie auf, zog mich an den Händen hoch und umarmte mich.

Ich hielt sie fest, ich konnte mich nicht richtig wehren gegen ihren Ernst, sie sagte: »Gib auf dich acht.« Und dann ging sie.

Alles, was danach geschah, geschah aus Angst. Ich glaube, ich hatte Angst vor Sonja, ich hatte Angst vor der plötzlich so naheliegenden Möglichkeit eines Lebens mit einer seltsamen kleinen Person, die nicht sprach, die nicht mit mir schlief, die mich meist anstarrte, großäugig, von der ich kaum etwas wußte, die ich wohl liebte, letztendlich doch.

Ich hatte das Gefühl, ohne Sonja nicht mehr sein zu wollen. Ich fand sie unvermutet notwendig für mich, und ich vermißte sie. Ich fürchtete, sie käme nie mehr zurück, und gleichzeitig wollte ich nichts mehr, als daß sie fortbliebe, für immer.

Als der Monat verstrichen war, packte ich einen kleinen Koffer und fuhr nach Hamburg. Ich machte der völlig überraschten Verena einen atemlosen Heiratsantrag, und sie nahm ihn an. Ich blieb drei Wochen lang, reiste mit ihr zu meinen Eltern und verkündete unsere Hochzeit für den März des kommenden Jahres. Verena buchte eine Hochzeitsreise nach Santa Fe, stellte mich ihrer entsetzlichen Mutter vor und teilte mir mit, daß sie meinen Namen aber nicht annehmen werde. Mir war alles egal. Ich fühlte mich wie ein Ertrinkender und war gleichermaßen grenzenlos erleichtert. Ich hatte das Gefühl, einer unermeßlichen Gefahr im letzten Augenblick entronnen zu sein, ich wähnte mich gerettet, in Sicherheit. Wir stritten uns ein wenig über unseren zukünftigen Wohnort, Verena wünschte, daß ich nach Hamburg käme, ich sagte, von mir aus könne alles so weitergehen wie bisher, verheiratet oder nicht, und dann fuhr ich zurück nach Berlin.

In meinem Briefkasten war keine Post, im Atelier lag wie je der Staub auf den Bildern, und die Fenster waren mit Spinnweben überzogen. Keine Nachricht von Sonja. Ich war der Herr der Lage, ich hatte das Schlimmste verhindert, nun wollte ich gütig sein, schlichtend. Ich fuhr mit dem Rad zu ihrem Haus, trat kraftstrotzend in die Pedalen, stürmte die Treppen hoch, pfeifend. Sie war zu Hause, öffnete mir unkonzentriert und offensichtlich in Erwartung eines anderen die Tür, dann lächelte sie und sagte: »Dir geht es gut, ja?«

Wir setzten uns in eines der großen, fast leeren Zimmer, Sonja am Schreibtisch, ich auf einem Sessel am Fenster, die Spree draußen war ganz braun, und über der Autoschrottpresse segelten die Möwen. Sonja fragte mich nicht, wo ich gewesen sei. Sie erzählte auch nichts über ihre Reise, sie saß gerade und ein ganz klein wenig ängstlich aussehend an ihrem Tisch und rauchte fast besessen eine Zigarette nach der anderen.

Ich redete unbefangen über das Wetter, meine Pläne für den Winter, die neue Kunstausstellung in der Nationalgalerie;

ich fühlte mich sicher. Sonja erwähnte das Fest, das sie in diesem November wiederholen wollte. Ich sagte, ich käme gern, und sie lächelte steif. »Fährst du mit mir fort, im Frühjahr?« fragte sie unvermittelt, und ich, der ich die ganze Zeit über und fast voll Vorfreude gewartet hatte, das endlich sagen zu können, formulierte meinen vorbereiteten Satz, laut, deutlich, gut artikuliert und vor allem höflich: »Das wird nicht gehen. Ich werde Verena heiraten, im März.«

Da schmiß sie mich raus. Sie stand auf, zeigte mit ausgestrecktem Arm zur Tür, und sie sagte: »Raus.«

Ich sagte: »Sonja, komm, was soll das«, und sie wiederholte: »Raus«, ohne das Gesicht zu verziehen. Ich fing an zu lachen, ich war nicht sicher, ob sie es ernst meinte, und dann schrie sie: »Raus!« mit einer Stimme, die ich überhaupt noch nie von ihr gehört hatte. Ich stand unsicher auf, ich wußte nicht mehr genau, womit ich eigentlich gerechnet hatte. Ich wollte überhaupt nicht gehen, ich wollte Sonja die Fassung verlieren sehen, ich wollte, daß sie heulte und weiterschrie und mich vielleicht schlug und was weiß ich.

Aber Sonja setzte sich wieder hin, drehte mir den Rücken zu und blieb still sitzen. Ich trat von einem Fuß auf den anderen, es blieb still, der Fluß war unerträglich braun. Ich atmete, und nichts geschah, und dann ging ich, schloß die Tür hinter mir, lauschte – nichts. Kein Ausbruch, kein unterdrücktes Weinen, Sonja rief mich nicht zurück.

Ich fuhr mit dem Fahrrad nach Hause, sehr langsam; ich war – erstaunt. Ich dachte, es würde wohl weitergehen, weitergehen, irgendwie.

Sonja meldete sich nicht, und damit, zumindest, hatte ich gerechnet. Dies war ein Spiel, ich kannte die Regeln. Ich wartete eine Woche lang, dann rief ich sie an, selbstverständlich ging sie nicht ans Telefon. Ich schrieb ihr einen Brief, dann einen weiteren, dann einen dritten; lauter kleine, alberne Plaudereien und hilflose Entschuldigungen. Selbstverständlich antwortete sie nicht. Ich blieb ruhig, ich kannte das ja schon, ich dachte: »Gib ihr Zeit.«

Ich rief sie regelmäßig drei Mal in der Woche an, ließ es zehn Mal klingeln, legte wieder auf. Ich arbeitete, telefonierte mit Verena, ging mit Mick aus, wählte Sonjas Nummer, so wie man sich die Zähne putzt oder jeden Morgen in den Briefkasten schaut. Ich war belustigt und stolz auf Sonja, stolz auf die Zähigkeit, mit der sie sich mir entzog; ich dachte nur, daß es langsam an der Zeit sei, wieder damit aufzuhören. Ich hatte Lust, sie zu sehen, es wurde kalt, der erste Schnee fiel. Ich dachte an den vergangenen Winter, an die Nächte, die sie bei mir gesessen hatte, und ich wollte all das wiederhaben.

Ich dachte: »Komm schon, Sonja, geh ans Telefon, laß uns spazierengehen, ich wärme dir die Hände, und alles bleibt so, wie es war.«

Aber Anfang Dezember lag in meinem Briefkasten der letzte Brief, den ich Sonja geschickt hatte. Ich betrachtete verwirrt meine eigene Handschrift und wußte nicht recht, wie ich das deuten sollte, bis ich auf der Rückseite den Stempel »Empfänger unbekannt verzogen« entdeckte. Ich stand ohne zu begreifen in meinem Hausflur, es war kalt, und ich fror. Ich legte den Brief in den Kasten zurück und fuhr mit dem Fahrrad, schlingernd im Schnee, am Fluß entlang ins Industrieviertel;

ich fuhr langsam und vorsichtig und weigerte mich, irgend etwas zu denken. Vor Sonjas Haus schloß ich das Rad an einem Laternenpfahl an und schaute an den blinden, dunklen Fenstern empor. Keine Gardinen, kein Licht, aber das hatte noch nichts zu bedeuten. Die Haustür knarrte, als ich sie aufstieß; im Flur hing der Geruch von Nässe und Kohlenstaub. Ich hatte immer das Gefühl gehabt, daß Sonja hier völlig alleine lebte, und ich ahnte, daß das Haus nun ganz leer stand. Dennoch stieg ich die Treppen empor, im zweiten Stock war das Geländer weggebrochen, und die Stufen knackten bedenklich. Ich dachte an das Fest, an das Stimmengewirr, die Musik, an Sonja neben der kleinen, rothaarigen Frau im seetanggrünen Kleid. Das Namensschild neben ihrer Tür war abgerissen. Ich drückte auf die Klingel; es blieb still. Ich spähte durch das Schlüsselloch in den langen, weißgestrichenen, leeren Flur ihrer Wohnung hinein und wußte, daß sie fort war.

Ich bin mir sicher, daß man das Haus bald abreißen wird. Es ist Februar, ich lege unentwegt Kohlen in den Ofen, aber es will nicht warm werden. Ich habe Sonja nicht mehr wiedergesehen, und ich habe nichts mehr von ihr gehört. Die Linden auf dem Hof ticken mit ihren kahlen Zweigen gegen mein Fenster, es ist an der Zeit, für die Türkenjungs einen neuen Fußball zu kaufen. Ich warte darauf, daß ich irgendwann dieser kleinen, rothaarigen Frau begegne, um sie zu fragen, wo Sonja jetzt lebt und wie es ihr geht. Manchmal habe ich auf der Straße das Gefühl, jemand liefe dicht hinter mir her, ich drehe mich dann um, und da ist niemand, aber das Gefühl der Irritation bleibt.

KURT DRAWERT

Aber die Liebe ist nur eine Einbildung
der Einsamen, möchte ich sagen, wie das Meer
eine Erfindung der Seefahrer ist.

PETER STAMM
Der Lauf der Dinge

Ich sage nicht, sie haben uns belogen, sagte Alice, aber sie haben uns nicht die Wahrheit gesagt. Das ist doch immer so, sagte Niklaus seufzend und legte einen Finger zwischen die Seiten des Reiseführers, in dem er geblättert hatte, es ist immer anders, als man es sich vorgestellt hat. Es ist immer anders, als die Leute im Reisebüro behaupten, sagte Alice, es ist immer schlechter. Meinetwegen, sagte Niklaus. Die Diskussion hatten sie schon mindestens fünfmal geführt, seit sie hier waren. Alice hatte sich das Ferienhaus größer vorgestellt, schöner eingerichtet und mit einem gepflegteren Garten. Sie hat sich ihr Leben anders vorgestellt, dachte Niklaus, das ist das Problem, nicht ein durchgesessenes Sofa oder ein schmutziger Backofen. Der Backofen starrt vor Schmutz, sagte Alice. Fünf Minuten bis zum Meer!, sagte sie mit einem höhnischen Lachen. Du benutzt den Backofen doch sowieso nie, sagte Niklaus. Und ob es fünf oder zehn Minuten sind zum Meer, was spielt das für eine Rolle, wir sind in den Ferien. Natürlich ging es nicht um fünf Minuten. Es ging darum, dass Alice sich betrogen vorkam, übervorteilt, und dass Niklaus sich wieder einmal nicht für sie einsetzte und alles einsteckte. Du lässt dir alles gefallen, sagte sie. Er sagte, wir könnten nach Siena fahren.

Ursprünglich war Siena eine etruskische Siedlung, sagte Niklaus. Unter den Römern hieß die Stadt Sena. Den Höhepunkt ihrer Geschichte erlebte sie im dreizehnten Jahrhundert. Damals wurde die Universität gegründet und das Rathaus gebaut.

Sie waren auf der Flucht vor dem Strom der Touristen in enge Nebengassen ausgewichen und hatten sich verirrt. Niklaus hatte gezögert, den kleinen Stadtplan im Reiseführer zu konsultieren, obwohl sie ohnehin jeder als Touristen erkannte. Als er es endlich doch tat, hatten sie die Altstadt längst verlassen und standen an einer dichtbefahrenen Straße, die auf dem Plan nicht zu finden war. Das ganz normale Leben, sagte er, das ist doch auch mal interessant. Aber Alice hatte alles gesehen, was sie sehen wollte, den Palazzo Pubblico, das Kunstmuseum, den Campo und die Kathedrale. Das normale Leben konnte sie auch zu Hause haben. Jetzt taten ihr die Füße weh, und der Regen konnte jeden Moment wieder einsetzen. Du hast keine Ahnung, wo wir sind, nicht wahr? Ich glaube, sagte Niklaus und drehte den Plan auf den Kopf, wir müssten ungefähr hier sein. Alice winkte einem Taxi. Es fuhr, ohne abzubremsen, an ihnen vorbei.

Auf dem Weg zurück beklagte sich Alice über die Touristen, die die Altstadt verstopften, nur um ein paar hässliche Souvenirs zu kaufen. Sie hätten keine Ahnung von den Schätzen der Museen und der Schönheit der Architektur. Was man nicht weiß, erkennt man nicht, sagte sie. Du weißt ja nicht, was sie suchen, sagte Niklaus, irgendetwas werden sie davon haben, sonst würden sie nicht hierherreisen. Sie kommen, weil alle kommen, sagte Alice. Und wenn sie wieder zu Hause sind, erzählen sie, die Toiletten seien sauber gewesen oder schmutzig. Und das Essen preiswert oder teuer. Darauf reduziert sich ihr Leben, essen und ausscheiden. Sie lachte bitter. Du hast ja recht, sagte Niklaus. Er bereute es, den Ausflug vorgeschlagen zu haben.

Am nächsten Tag regnete es in Strömen. Alice und Niklaus lasen den ganzen Morgen. Als der Regen gegen Mittag aufhörte, gingen sie kurz an den Strand, aber der war voller lärmender Familien und Beachvolleyballspieler. Sie waren noch nicht lange da, als es wieder anfing zu regnen. Alice reichte Niklaus seinen Schirm und spannte ihren auf. Sie schauten den Badegästen zu, die hastig ihre Sachen zusammenräumten und lachend an ihnen vorbeirannten, um unter den Vordächern der Restaurants Schutz zu suchen. Geschieht ihnen recht, sagte Alice. Ihre Laune schien sich etwas gebessert zu haben.

Auf dem Weg zurück kauften sie im kleinen Lebensmittelladen an der Hauptstraße ein. Als sie wieder auf der Straße standen, machte Alice sich über die Leute lustig, die den Ladeninhaber in aller Selbstverständlichkeit auf Deutsch ansprachen und sich zu wundern schienen, dass er sie nicht verstand. Wenigstens die paar Worte könnten sie lernen, sagte sie, *pane* und *prosciutto* und Guten Tag und Danke.

Vor dem Nachbarhaus stand ein schwarzglänzender Offroader mit getönten Scheiben und einem Stuttgarter Kennzeichen. Der Laderaum war offen. Auf der Straße standen Koffer und Taschen, ein Kinderfahrrad und ein Dreirad. Ein Mann kam aus dem Haus auf sie zu. Alice grüßte auf Italienisch. Der Mann gab keine Antwort. Vielleicht hat er dich nicht gehört, sagte Niklaus, als sie durch den Garten zum Haus gingen. Alice zuckte mit den Schultern. Hoffentlich sind die Kinder auch so schweigsam.

Im Haus war es klamm, und es roch nach alten Möbeln und nach kaltem Zigarettenrauch. Es sollte verboten sein, in Ferienhäusern zu rauchen, sagte Alice. Wenn wenigstens der Kamin funktionieren würde, dann könnten wir ein Feuer machen. Sie holten die Steppdecken aus dem Schlafzimmer und verbrachten den Nachmittag lesend auf dem Sofa.

In den folgenden Tagen war kaum etwas von den neuen Nachbarn zu sehen. Das Wetter war gut, und wenn Alice und Niklaus auf der Terrasse vor dem Haus frühstückten, war der Geländewagen schon weg, und erst, wenn sie abends vom Nachtessen zurückkamen, stand er wieder da, und im Nachbarhaus war Licht. Die Frau und die Kinder hatten Alice und Niklaus noch nie gesehen. Vielleicht gibt es sie gar nicht, sagte Niklaus. Sie waren den ganzen Tag durch die Hügel im Landesinneren gefahren, auf der Suche nach Weingütern, und hatten ziemlich viel Wein eingekauft und Olivenöl. Als sie gegen fünf zurück zum Ferienhaus kamen, war der schwarze Wagen nicht da, aber im Garten des Nachbarhauses lag eine schöne junge Frau auf einem Liegestuhl. Sie trug einen knappen Bikini mit Blumenmuster und löste Sudokus. *Buona Sera*, sagte Alice, aber die Frau reagierte ebenso wenig wie vor einigen Tagen ihr Mann. Nachdem Niklaus und Alice sich frisch gemacht hatten, gingen sie ebenfalls in den Garten, um vor dem Abendessen noch ein wenig zu lesen. Kaum hatten sie sich hingesetzt, fuhr das Auto des Nachbarn vor, und der Mann und zwei kleine Kinder stiegen aus und gingen in den Garten. Niklaus sah, wie der Mann sich über die Frau im Liegestuhl beugte und ihr einen schnellen Kuss gab, dann verschwand er im Haus. Die Kinder begrüßten die Mutter nicht, sie waren schon streitend aus dem Wagen gestiegen und stritten sich weiter über eine Belanglosigkeit. Die Mutter schien nicht die Absicht zu haben, etwas gegen den Lärm zu unternehmen. Sie lag auf dem Liegestuhl und grübelte über ihren Rätseln. Einmal sagte sie mit gehässiger Stimme und in breitestem Schwäbisch, hört endlich auf, aber sie sah noch nicht einmal hoch dabei, und der Streit ging unvermindert weiter.

Alice ließ die Zeitung auf ihren Schoß sinken und hob den Kopf zum Himmel. Niklaus tat, als läse er. Nach einer Weile warf sie die Zeitung auf den Boden und verschwand im Haus. Niklaus wartete einen Moment, bevor er ihr folgte. Er fand sie im Wohnzimmer am Tisch sitzen und ins Leere starren. Er setzte sich ihr gegenüber und schaute sie an, aber sie senkte den Blick. Sie atmete heftig, und plötzlich fing sie an, wütend zu schluchzen. Niklaus ging um den Tisch herum und blieb hinter ihr stehen. Er wollte ihr die Hand auf die Schulter legen oder ihren Kopf streicheln, aber dann sagte er nur, stell dir vor, das wären unsere Kinder.

Alice hatte nie Kinder gewollt. Als Niklaus das herausgefunden hatte, war er erleichtert gewesen und hatte gemerkt, dass er nur aus Konvention davon ausgegangen war, irgendwann eine Familie zu haben. Wenn sie gelegentlich über das Thema sprachen, war es nur, um sich gegenseitig zu versichern, sie hätten die richtige Entscheidung getroffen. Vielleicht stimmt etwas nicht mit mir, sagte Alice dann mit selbstzufriedenem Gesicht, aber ich finde Kinder anstrengend und langweilig. Vielleicht fehlt mir ein Gen. Sie arbeiteten beide gerne und viel, Alice als Kundenberaterin in einer Bank, Niklaus als Ingenieur. Hätten sie Kinder gehabt, hätte einer von ihnen auf seine Karriere verzichten müssen, und dazu war keiner von ihnen bereit. Sie reisten in exotische Länder, hatten eine Trekking-Tour in Nepal gemacht und eine Kreuzfahrt in die Antarktis. Sie gingen oft ins Konzert oder ins Theater, und auch sonst waren sie viel unterwegs. Das alles wäre mit Kindern nicht möglich gewesen. Nur manchmal dachte Niklaus, dass eine Familie vielleicht nicht nur Unfreiheit bedeute, sondern auch Freiheit, dass er und Alice unabhängiger voneinander geworden wären, wenn erst ihre Liebe und später ihr Überdruss nicht so ausschließlich gewesen wäre.

Alice war als Einzelkind aufgewachsen, Niklaus' Geschwister waren alle kinderlos geblieben, so hatten Alice und er fast nur Kontakt zu Erwachsenen. Waren Freunde von ihnen Eltern geworden, war der Kontakt meist bald abgebrochen. Kamen doch einmal Familien zu Besuch, waren Niklaus und Alice angespannt und ungeduldig und reagierten hilflos auf die Annäherungsversuche der Kinder. Dann schämte sich Niklaus. Er hatte es nie bedauert, keine Kinder zu haben, aber manchmal vermisste er es, nicht einmal den Wunsch verspürt zu haben.

Von nun an war die Familie aus Stuttgart oft im Garten. Die Hälfte der Zeit stritten sich die Kinder, wenn sie keinen Streit hatten, waren sie nicht weniger laut. Das Ältere war ein Mädchen von vielleicht sechs Jahren. Von Zeit zu Zeit stieß sie ohne ersichtlichen Grund schrille Schreie aus. Ihr Bruder war wohl halb so alt wie sie. Er konnte sich eine Viertelstunde lang damit vergnügen, mit irgendeinem Gegenstand auf einen anderen zu hauen. Er hörte erst auf, wenn der Vater ihn anschrie. Darauf keifte die Mutter ihren Mann an, und er gab mit lauter Stimme zurück. Ihr Dialekt machte die Sache nicht besser. Dann wieder sah Niklaus durch die Sträucher, die die beiden Grundstücke trennten, wie der Mann neben dem Liegestuhl der Frau im Gras saß und sie mit Sonnencrème einrieb. Sie hatte das Bikinioberteil ausgezogen, und er knetete an ihren Brüsten herum, ohne sich darum zu kümmern, ob jemand ihn sah. Irgendwann verschwanden die beiden, und eine Viertelstunde später hörte Niklaus, wie eins der Kinder an die Haustüre hämmerte und nach den Eltern schrie.

Alice hielt den Lärm nie länger als zehn Minuten aus. Nach einigen Tagen kehrte sie, wenn sie die Familie im Garten sah, gleich wieder um. Auch die Mahlzeiten nahmen sie, wenn sie nicht im Restaurant aßen, von nun an drinnen ein. Niklaus machte Vorschläge für Ausflüge, aber Alice lehnte alle ab. Sie war im Krieg und durfte ihr Territorium nicht verlassen. Warum sagst du nichts?, fragte sie. Niklaus machte ein ratloses Gesicht und breitete die Arme aus. Was soll ich sagen? Wenn sie draußen Musik hören würden oder nachts Lärm machen, dann könnte ich etwas unternehmen. Aber ich kann ihnen das Reden nicht verbieten. Und Kinder machen nun mal Lärm. Schlechte Erziehung ist nicht strafbar. Sie sind vulgär, sagte Alice, und Niklaus nickte nachdenklich.

Wenn Niklaus alleine auf der Terrasse saß, ertappte er sich dabei, wie er immer wieder in den Nachbargarten hinüberschaute. Die fremde Frau lag den ganzen Tag auf dem Liegestuhl und löste ihre Rätsel. Sie hatte angefangen, sich oben ohne zu sonnen. Ihre Brüste waren klein und fest und erinnerten Niklaus an jene der Frauen auf Gauguins Bildern aus Polynesien. Er hatte das unstillbare Verlangen, hinüberzugehen und sie zu berühren.

Manchmal ging der Mann mit den Kindern an den Strand, und Niklaus schlenderte unruhig auf dem Grundstück herum und stellte sich vor, wie er mit der Frau ins Gespräch kommen würde. Er machte eine beiläufige Bemerkung, sie fragte, woher er komme. Ach, die Schweiz, da fahren wir immer nur durch. Dann fiel ihr ein, dass sie noch die Wäsche aufhängen musste. Sie zog das Bikinioberteil an, und er folgte ihr ins Haus, wo es kühl war und still. Sie schaute ihm lange in die Augen. Komm, sagte sie und nahm ihn bei der Hand.

Als Niklaus sich umdrehte, sah er Alice am Fenster stehen. Sie schien ihn zu beobachten. Er ging ins Haus. Alice hatte sich nicht gerührt, sie stand am Fenster und schaute hinaus, als wäre er noch immer da. Er legte ihr eine Hand auf die Schulter, sie wollte sie abschütteln, aber er ließ es nicht zu, drehte sie zu sich und küsste sie auf den Mund. Es dauerte eine Weile, bis Alice seinen Kuss erwiderte, und nach kurzer Zeit machte sie sich los und sagte mit einem spöttischen Lacher, die Wäsche müsste fertig sein. Niklaus folgte ihr in den Abstellraum neben der Küche, wo die Waschmaschine stand und schaute zu, wie sie die Sachen aus der Maschine nahm und jedes Teil ausschüttelte. Er ging hinter ihr her in den Garten und half ihr, die nassen Kleider aufzuhängen. Die Unterwäsche sortierte sie aus und hängte sie drinnen über den kleinen Wäscheständer, wie sie es auch zu Hause tat. Ich habe das Gefühl, die Sachen werden hier nie ganz trocken, sagte sie. Ihre Stimme klang weicher als sonst. Das macht die hohe Luftfeuchtigkeit, sagte Niklaus. Und richtig sauber werden sie auch nicht, sagte Alice. Diesmal wehrte sie sich nicht, als Niklaus sie küsste.

Sie lagen schweigend nebeneinander. Alice hatte sich mit dem Leintuch zugedeckt, obwohl es heiß war. Sie schaute an die Decke. Ihr Gesichtsausdruck wechselte dauernd, es war wie ein Flackern verschiedenster Gefühle, Erstaunen, Spott, Zärtlichkeit, Trauer. Sie schien sich für keines entscheiden zu wollen.

Niklaus steckte die Hand unter die Decke und streichelte ihre Brüste, die mit dem Alter voller geworden waren und weich wie Samt. Sie hatten seit Ewigkeiten nicht miteinander geschlafen, er konnte sich an das letzte Mal nicht erinnern. Wenn man denkt, sagte er und fuhr nicht fort. Alice drehte den Kopf kurz zu ihm, lächelte zärtlich und schaute wieder weg. Er wollte etwas sagen über das, was geschehen war, wollte die Nähe der letzten halben Stunde herüberretten in den Tag, der vor ihnen lag, aber schließlich fragte er nur, worauf Alice Lust habe. Wollen wir irgendwohin fahren? Sie sagte, sie habe Hunger, aber es war Niklaus, als hätte sie gesagt, es war schön mit dir. Wir sind immer noch ein Paar. Es ist gut. Wir könnten in der Stadt essen, sagte er. Nein, sagte Alice, ich brauche sofort etwas, mir ist schon ganz flau. Sie atmete tief und stand auf. Einen Moment lang blieb sie neben dem Bett stehen und schaute auf Niklaus herunter. Er mochte es, so vor ihr zu liegen, schlaff und nackt und ausgeliefert. Alice machte oft Bemerkungen über sein Gewicht, er wusste, dass sie schlanke Männer mochte, aber ihr Blick war wieder zärtlich. Ich stelle mich nur schnell unter die Dusche, sagte sie. Auch Niklaus stand auf. Von draußen hörte er Rufe. Er trat ans Fenster und sah die Familie aus Stuttgart, die sich offenbar auf den Weg zum Strand machte, beladen mit Taschen, aufblasbarem Spielzeug und einer Kühlbox. Alle vier trugen bunte Cloggs und lächerliche Sonnenbrillen, die Mutter hatte ein kurzes Wickelkleid angezogen, der Vater Shorts und ein T-Shirt, auf dem in großer Schrift *Baywatch* stand.

Am Nachmittag machten Alice und Niklaus zum ersten Mal seit fast einer Woche wieder einen Ausflug. Sie fuhren ins Naturschutzgebiet, nicht weit vom Feriendorf entfernt. Als sie schon fast da waren, merkte Alice, dass sie den Feldstecher vergessen hatte, und sie kehrten noch einmal um.

Nur wenige der Parkplätze beim Besucherzentrum waren besetzt. Bei dieser Hitze war alles am Strand, niemand außer ihnen dachte daran, Vögel zu beobachten. Niklaus und Alice gingen einen staubigen Kiesweg entlang, der zwischen Büschen und einem kleinen Rinnsal gegen den Wald führte. Niklaus fühlte sich müde vom Mittagessen, und er schwitzte, aber er war guter Stimmung und pfiff vor sich hin. Alice sagte nicht viel, nicht einmal über die Hitze beklagte sie sich. Nach einer Weile kamen sie in den Wald, in dem es kaum kühler war als auf dem freien Land. Niklaus hielt immer wieder an und schaute auf den Plan des Naturparks, den er im Ferienhaus gefunden hatte. Wenn wir immer in diese Richtung gehen, sollten wir in einer guten halben Stunde am Meer sein, sagte er.

Es dauerte fast eine Stunde, bis sie endlich an den Strand kamen. Alice machte nur ein paar ironische Bemerkungen über Niklaus' Orientierungssinn. Sie hatte gelesen, im Park gebe es Nachtigallen, aber sie hatten nur einen Mäusebussard gesehen und in einem Tümpel einige Graureiher und Blässhühner.

Im Sand lag viel Schwemmholz, dicke Äste, manchmal halbe Bäume, die glattgeschliffen waren von der Witterung und silbern gebleicht von der Sonne. Alice zog die Schuhe aus und ging barfuß weiter den Strand entlang. Willst du baden?, fragte Niklaus. Alice schaute ihn fragend an. Es kommt bestimmt niemand, sagte er.

Hastig zogen sie sich aus und rannten ins Wasser. Sie waren beide aufgeregt und schauten immer wieder zurück zum Ufer.

Stell dir vor, jemand stiehlt unsere Kleider, sagte Niklaus. Dann müssen wir im Wald bleiben, sagte Alice, und Beeren sammeln und Wildschweine jagen. Und ich schleiche mich nachts auf die Bauernhöfe, sagte Niklaus, und stehle Eier und eine Flasche Wein.

Nach dem Baden legten sie sich in die Sonne, um zu trocknen, und danach wischten sie sich gegenseitig den Sand von den Körpern. Alice musste lachen, als sie sah, dass Niklaus eine Erektion bekam. Das nicht auch noch, sagte sie. Sie ließ ihre Hand einen Moment lang auf seinem Oberschenkel liegen, als denke sie nach, dann stand sie auf und zog sich an.

Es dämmerte, als sie wieder zum Besucherzentrum kamen, ihr Wagen war der letzte auf dem Parkplatz. Da sie keine Lust hatten zu kochen, beschlossen sie, in der Stadt zu essen. Sie waren erst gegen Mitternacht zurück. Im Nachbarhaus war noch Licht.

Am nächsten Tag frühstückten Alice und Niklaus draußen. Von nebenan war nichts zu hören. Sie lasen den ganzen Morgen über. Es blieb still. Der Geländewagen stand auf der Straße, also mussten die Nachbarn da sein, aber sie kamen nicht in den Garten, auch am Nachmittag nicht. Vielleicht hat jemand sich beschwert, sagte Alice, oder sie haben etwas Falsches gegessen und liegen alle mit Bauchschmerzen im Bett. Die Ruhe schien ihr nicht recht geheuer, sie schaute immer wieder von ihrem Buch auf. Sei doch froh, sagte Niklaus. Ich habe ja nicht gesagt, sie müssen sich im Haus einsperren, sagte Alice, natürlich müssen Kinder sich austoben. Es ist alles eine Frage des Maßes. Einmal betrat ein Mann im Anzug das Grundstück und verschwand im Haus, kurz darauf ging er wieder. Später kam ein anderer Mann, aber auch er blieb nicht lange.

So müsste es immer sein, sagte Alice, als es auch am nächsten Tag ruhig blieb. Sie saßen draußen und spielten Scrabble. Alice hatte den Duden von zu Hause mitgenommen, damit sie bei allfälligen Unstimmigkeiten ein Wort hätten nachschlagen können, aber dazu kam es nicht. Sie schienen beide nicht recht konzentriert. Einmal sah Niklaus jemanden am Fenster des Nachbarhauses vorbeigehen, er konnte nicht erkennen, wer es war. Ich muss dauernd an sie denken, sagte Alice, der Lärm hat mich fast weniger gestört. Dem konnte man wenigstens ausweichen.

Am späten Nachmittag gingen sie an den Strand. Sie cremten sich gegenseitig den Rücken ein, und Niklaus war es, als würde Alice ihn anders berühren, seit sie miteinander geschlafen hatten, nicht zärtlicher, aber aufmerksamer. Auch er nahm sich mehr Zeit und merkte, wie Alice es genoss, als er mit den Fingerkuppen an ihrem Rückgrat und ihren Schulterblättern entlangfuhr. Jetzt sind es doch noch schöne Ferien geworden, sagte sie. Eine Woche schlechtes Wetter, eine Woche gutes Wetter, sagte Niklaus, ich glaube, wir können uns nicht beklagen. Brauchen wir noch etwas? Brot und Rohschinken, sagte Alice, Käse haben wir noch. Und etwas für morgen. Ich habe Lust, mal wieder selbst zu kochen. Hast du Geld dabei?

Der Ladeninhaber, der sie sonst immer überschwänglich begrüßt hatte, nickte ihnen nur zu und murmelte etwas. Was ist dem für eine Laus über die Leber gelaufen, sagte Alice und füllte den Einkaufskorb. Oliven?, fragte sie und hielt ein Glas mit schwarzen Oliven in die Höhe. Niklaus nickte und ging zum

Weinregal, um die Preise zu studieren und sie mit jenen zu vergleichen, die sie bei den Winzern bezahlt hatten. Als er sich umdrehte, sah er Alice an der Fleisch- und Käsetheke stehen. Der Ladeninhaber redete auf sie ein. Niklaus trat vor das Geschäft und las die Schlagzeilen der deutschen Zeitungen im Ständer. Kurz darauf kam Alice mit verstörtem Gesicht aus dem Geschäft. Sie ging weiter, ohne sich nach ihm umzusehen. Mit ein paar schnellen Schritten holte er sie ein und fragte, was los sei. Sie blieb abrupt stehen. Der Junge ist tot, sagte sie, der Vater hat ihn überfahren. Er hat auf der Straße wenden wollen und das Kind dabei übersehen. Schweigend gingen sie zurück zum Ferienhaus. Niklaus räumte die Sachen ein, Alice stand an den Küchentisch gelehnt und schaute ihm zu. Was sollen wir tun?, fragte sie, als er fertig war. Wir können nichts tun, sagte Niklaus, wir wissen ja nicht mal, wie sie heißen. Wir könnten fragen, ob sie etwas brauchen, sagte Alice. Es muss passiert sein, als wir im Naturschutzgebiet waren. Der Ladeninhaber hat erzählt, der Schrei des Vaters sei in der ganzen Feriensiedlung zu hören gewesen. Ich bin froh, dass wir nicht hier waren, sagte Niklaus und kam sich feige vor. An diesem Abend aßen sie stehend in der Küche.

Als Niklaus erwachte, dämmerte es. Er schaute auf die Uhr, es war kurz nach fünf. Alice lag nicht neben ihm. Er stand auf und fand sie im Wohnzimmer. Sie hatte kein Licht gemacht und stand im Nachthemd am Fenster. Als er eintrat, drehte sie sich kurz zu ihm um und schaute dann wieder hinaus. Er trat hinter sie und legte ihr die Hände auf die Schultern. Eine Weile lang standen sie schweigend da, dann sagte Alice, sie gehen. Jetzt erst schaute auch Niklaus hinaus und sah, dass die

Heckklappe des schwarzen Wagens geöffnet war. Schau, sagte Alice, und Niklaus sah den Mann aus Stuttgart durch den Garten gehen, in der Hand einen Koffer, der sehr schwer zu sein schien. Gemeinsam schauten sie zu, wie er noch ein paarmal hin und her ging. Zuletzt trug er das beschädigte Dreirad zum Wagen. Er fand keinen Platz dafür und nahm einen Teil der bereits verstauten Sachen noch einmal heraus, schaute ratlos alles an und räumte es wieder ein. Dann ging er zurück ins Haus.

Vielleicht habe ich deshalb nie Kinder gewollt, sagte Alice sehr leise. Aus Angst, sie zu verlieren. Wir werden uns auch irgendwann verlieren, sagte Niklaus. Das ist nicht dasselbe, sagte Alice, das ist der Lauf der Dinge.

Niklaus ging in die Küche, um Kaffee zu machen. Da hörte er, wie Alice ihn rief. Er ging zu ihr und legte den Arm um ihre schmalen Schultern. Jetzt!, flüsterte sie atemlos, als geschehe etwas lange Erwartetes, und zeigte aus dem Fenster. Der Mann war wieder aus dem Haus getreten, er stützte die Frau, die mit hängenden Schultern und gesenktem Kopf neben ihm ging und die Tochter an der Hand führte. Über ihren Sommerkleidern trug die Frau einen dicken Wollpullover. Der Mann führte sie zum Wagen und half ihr beim Einsteigen wie einer Behinderten oder einer alten Frau. Das kleine Mädchen war neben der hinteren Tür stehen geblieben, bis der Vater zu ihm kam, auch ihm half und es sorgfältig auf dem Kindersitz festschnallte. Schließlich stieg er selber ein. Durch die Scheibe war zu hören, wie der Motor startete, die Scheinwerfer flammten auf, und der Wagen rollte sehr langsam davon.

Aus der Küche drang das Zischen des Kaffeekochers, aber Niklaus beachtete es nicht. Er streifte seine Pyjamahose ab und zog Alice an den Hüften gegen sich. Hastig hob er ihr Nachthemd hoch und griff mit einer Hand zwischen ihre Beine. Sie liebten sich im Stehen, heftiger als vor ein paar Tagen. Alice sagte kein Wort, er hörte kaum ihren Atem.

ANGELIKA OVERATH

Kirschbäume und frühe Zweifel

Dann aber war der Sommer käuflich geworden. Käuflich wie ein schöner Kirschbaum in einem großen Garten. Ein tschechischer Schulfreund, Sohn einer alten, bei der Niederwerfung des Prager Frühlings nach Deutschland entkommenen Arztfamilie, hatte sie mitgenommen in das Anwesen von Freunden. Es galt, den Baum abzuernten, und so verbrachten sie, zwei muntere Abiturienten, einen halben Tag, zupfend, essend, tschechische Verse ins Deutsche balancierend, in einer Weltenkrone aus grünen Blättern und glanzroten Früchten. Es waren Herzkirschen von außerordentlicher Qualität, wie sie auf den sorgfältig beschnittenen Bäumen im Badischen gelangen, groß und süß aufgeschossen in der feuchten Hitze der Rheinebene. Schwer lag ein Kirschenpaar in der Hand, das eben noch an den elastischen Stielen wippte.

Und doch umgab die nicht zu steigernde Pracht des Kirschbaums ein beinah frivoler Anhauch, etwas seltsam Falsches, das schwer zu bestimmen war. »Warum ernten sie ihn nicht selber ab?« hatte sie damals gedacht, als genieße sie hier eine fremde Lust. Unter sich sah sie das helle Grün eines bürstenschnittigen Rasens, auf dem nun dunkle Kirschbaumblätter und Zweiglein lagen, als müßten sie aufgekehrt werden.

In der Neubausiedlung am Stadtrand, in der sie wohnte, gab es Grünstreifen zwischen den Häusern, die davon ablenken sollten, daß hinter den Mietblocks das Brachland begann. Ungeachtet der nicht privilegierten Wohnlage trugen die Straßen Märchennamen; sie wohnte im Dornröschenweg. Tatsächlich hatte es hier einmal eine Zeit geheimer Fülle gegeben, die mit dem ungenutzten Land und einigen aufgelassenen, von wucherndem Brombeer- und Schlehengebüsch gesäumten Gärten zu tun hatte. Damals, in den Monaten der Vorbereitung auf die Erstkommunion, in die auch ihre erste Menstruation fiel, radelte sie oft nachmittagelang an den mäandernden Altrheinarmen entlang oder streunte durch einen der verlassenen Gärten, nicht um wirklich zu spielen, wie früher, das ging nicht mehr, sondern nur um fort zu sein. Sie sammelte etwas auf, schnitzte an einem Stock herum oder hockte in ihrem Lieblingsbaum, einem verwachsenen Kirschbaum mit blinden Seitenästen, von denen leicht einer brach.

Eines Nachmittags, es war Frühling, und ihr Baum trug seine ersten kümmerlichen Knospen, sah sie einen Jungen kommen, der nicht in die Siedlung gehörte. Er mußte aus den Baracken sein, die hinter dem Brachland begannen. Dort wohnten kinderreiche Familien, die Sozialhilfe bezogen; in der Neubausiedlung waren sie, in kühner Überschätzung des sozialen Abstands, als die »Asozialen« bekannt. Manchmal standen dort neben den Baracken auch Zigeunerwagen, man witterte den in der Ferne verwischten Schein von Feuer, Hunde bellten. Den Kindern der Siedlung waren die Baracken ein Ort von Verbot und Verheißung. Manchmal fuhren sie mit ihren Rädern an den Bezirk, wo jene Pisten begannen, die schon beim leichtesten Regen verschlammten. Das eine oder andere Kind von dort ging, zumindest zeitweise, mit ihnen zur Volksschule. So gab es ein dunkelhäutiges Mädchen, das unter dem Wort »Bastard« weinend im Pausenhof stand. Als der Junge sie im Baum bemerkte, rief er etwas, das sie nicht verstand. Sie war auf der Hut. Sie besuchte jetzt die erste Klasse eines dominikanischen

Mädchengymnasiums in der Stadt, und hätte man sie gefragt, ob sie morgen für Jesus Christus sterben wolle, wäre sie nikkend einfach mitgegangen. Sie war elf Jahre alt, er war, wie er später sagen würde, dreizehn. Sie kam vom Baum herunter. Sie fand sich gescheit, und sie wollte nicht mit einem dummen Jungen sprechen. Ob er schon bruchrechnen könne? Sie gab ihm einen Stock in die Hand, säuberte mit dem Fuß ein Stück Boden unter dem Kirschbaum und ließ ihn rechnen. Er schrieb zügig Zahlen in den Sand. Sie registrierte sein Tempo, war aber im Rechnen nicht sicher genug, um prüfen zu können, was er tat. Er lachte, warf den Stock fort, fuhr über die glatte Rinde des Kirschbaums und hangelte sich mit einem Klimmzug in die erste Astgabel. Dort drehte er sich um, zog sein Hemd aus und warf es ihr zu. (Noch Jahre später sollte sie diese Geste beschäftigen.)

Sie fing das Hemd auf. Und während er mit magerem Oberkörper weiter in den Kirschbaum hinaufkletterte, stand sie da, das bubenwarme karierte Flanellhemd in der Hand, hob es an ihr Gesicht und roch daran.

Erkenntnis war ein Atemzug. Sie hatte das Hemd auf die Brombeerhecke geworfen und war davongerannt.

Zu Hause in der offenen Badezimmertür stand die Mutter, über eine Plastikschüssel geneigt, und drehte tropfende Putzlappen. Sie sah aus wie eine alte Frau. Natürlich gebe es Gott, antwortete die Mutter, richtete sich auf und wischte mit ihren kleinen Händen über das bunte Würfelmuster der Kittelschürze. Die Tochter aber brauchte die Antwort nicht mehr.

MAX FRISCH
Skizze eines Unglücks

Er hatte Vorfahrt, insofern keinerlei Schuld. Der Lastwagen mit Anhänger kam von links in die Allee kurz vor Montpellier. Es war Mittag, sonnig, wenig Verkehr –

...

Sie trägt kurzes Haar, blond, Hosen mit einer Messing-Schnalle auf einem breiten Gurt, dazu eine violette Pop-Brille. Sie ist 35, Baslerin, witzig. Sie kennen einander bereits ein Jahr.

...

Ihre Frage: Oder fahre ich jetzt? ist nicht ihr letztes Wort vor dem Unfall (wie er später vielleicht meint); das hat sie auf dieser Reise öfter gesagt.

...

In Avignon, allein im Badezimmer, das er abriegelt, obschon sie noch schläft, ist er entschlossen: So nicht weiter! Er will es ihr beim Frühstück sagen (ohne Streit): Kehren wir um! Es ist vernünftiger.

...

Sie hat ihn im Bürgerspital kennengelernt als Arzt, dem sie sozusagen ihr Leben verdankt; seinetwegen ist sie in Scheidung.

...

Bettnächte mit anschließender Besichtigung von Romanik oder Gotik, jeder Tag wie ein Examen: Geschichte der Päpste, nur weil man gerade in Avignon ist – sie fragt mit Vorliebe, was er nicht weiß oder nur ungefähr weiß, sodaß er unsicher wird. Warum der Papst im 14. Jahrhundert nach Avignon emigriert ist, läßt sich ja nachlesen, wenn es sie wirklich interessiert. Aber es geht nicht um die Päpste. Nachher im Bett macht sie ihn wieder sicher.

...

Er ist Junggeselle.

...

Sie findet die Reise gelungen. Das sagt sie seit Genua, wo es in Strömen geregnet hat. Später hat das Wetter sich gebessert. Sie sagt: Du schaust ja gar nicht! Vorallem die Provence begeistert sie, es kommt vor, daß sie auf der Fahrt singt.

...

Er hat eine Glatze, das weiß er.

...

Aix-en-Provence, natürlich findet er's schön, sogar sehr. Aber sie traut es ihm nicht zu, weil er anderswohin schaut als sie.

...

Es heißt nicht CAVILLION, sondern CAVAILLON, der berühmte Spargel-Ort. Übrigens hat sie es ihm schon gestern gesagt. Sie hat recht. Es heißt tatsächlich CAVAILLON, kurzdarauf steht es auf einem Schild: CAVAILLON. Dann schweigt er, kurzdarauf überfährt er ein rotes Stop-Licht.

...

Hotelzimmer mit grand-lit, wo sie nachher die Zeitung liest, LE FIGARO LITTERAIRE, wovon er, wie sie beide wissen nichts versteht. Sie ist Romanistin, Dr. phil.

...

In Nizza speisen sie mit Freunden, ein netter Abend, nur findet sie nachher, er habe während dieses ganzen Essens (Bouillabaisse) über Essen geredet. Das darf man einem Partner wohl sagen. Er hat sich vorgenommen, nie wieder über das Essen zu reden, und übertreibt jetzt, schweigt mit Nachdruck, wenn Marlis ihrerseits über das Essen redet, wie es vorallem in Frankreich natürlich ist.

...

Es ist nicht ihre erste gemeinsame Reise. Früher hatte er Humor, solange er davon zehrte, daß sie ihn als Arzt bewunderte. Ihre erste Reise, als sie genesen war, führte ins Elsaß.

...

Er hat noch nie einen ernsten Unfall gemacht, trotzdem wäre er froh, wenn Marlis sich anschnallen würde. Sie tut's nicht, sonst hat sie Angst, daß er noch schneller fährt. Er verspricht, daß er sich an sein Versprechen hält. Das tut er auch. Seit Cannes. Wenn er merkt, daß sie trotzdem auf die Sicherheitslinie schaut, ohne etwas zu sagen, weiß er nicht mehr, was er eben hat erzählen wollen. Er ist langweilig und weiß es.

…

In Avignon, nachdem er das Badezimmer verlassen hat, sagt er: Ich warte unten. Was los sei? Sie weiß es wirklich nicht. Vielleicht ist er überarbeitet.

…

Sie bewundert kluge Menschen, vorallem Männer, weil sie Männer für klüger hält als Frauen. Wenn sie von jemand spricht: Er ist sehr klug. Oder: Klug ist er gerade nicht. Dabei zeigt sie's niemand, wenn sie ihn nicht klug findet. Sie hält es für ein Zeichen ihrer Liebe, daß es sie kränkt, wenn er, Viktor, in Gesellschaft nicht klüger spricht als sie.

…

Er gedenkt nicht zu heiraten.

…

Jetzt fährst du 140! Darauf hat er gewartet. Schrei mich bitte nicht an! Erstens schreit er nicht, sondern sagt nur, darauf habe er gewartet. Immer ihr Blick aufs Tachometer. Zweitens fährt er, wie das Tachometer zeigt, genau 140. Das sagt sie ja. Gestern ist er 160 gefahren (Autobahn zwischen Cannes und St. Raphaël), einmal 180, wobei Marlis ihr Kopftuch verloren hat. Man hat sich geeinigt: Maximum 140. Jetzt sagt sie: Es ist mir einfach zu schnell. Dabei überholt sie jeder Volkswagen. Sie sagt: Ich habe einfach Angst. Er versucht's mit Spaß: Maximum gestern 140, Maximum heute 120, das ergibt bei Bilbao ein Maximum von 30. Bitte! Da er es selber einen blöden Spaß findet, findet er's unnötig, daß Marlis es einen blöden

Spaß findet. Sie singt nicht mehr, er überholt nicht mehr, sie schweigen.

…

Ihr Mann, der erste, war (ist) Chemiker.

…

Daß sie in Marseille nicht die Schuhe gekauft hat, weil er dort ungeduldig war, nimmt sie nicht übel; sie sagt nur, daß ihre Schuhe sie drücken, daß es in Arles, wo er sich geduldig zeigt, keine Schuhe gibt für sie.

…

Eigentlich würde er lieber allein frühstücken. Er weiß auch nicht, was eigentlich los ist. Er kennt keine Frau, die er zum Frühstück lieber erwarten würde als Marlis. Das weiß sie.

…

Wie klug ist Marlis?

…

Er weiß, daß es an ihm liegt.

…

Später meint er vielleicht, er sei schon mit der Ahnung erwacht, daß dieser Tag mit einem Unfall endet; schon unter den Platanen in Avignon habe er's geradezu gewußt.

…

Ihre kindliche Freude an Käufen; auch wenn sie nichts braucht, bleibt sie vor Schaufenstern stehen und unterbricht das Gespräch. Das war aber bei andern Frauen kaum anders.

...

Er stammt aus Chur, ein Sohn eines Eisenbahners, Akademiker cum laude, demnächst soll er Oberarzt werden.

...

Die berühmte Ortschaft, wo die Zigeuner zusammenkommen, heißt nicht SAINTES MARIES SUR MER, sondern SAINTES MARIES DE LA MER. Sie sagt es ihm nicht. Sie vermeidet sogar den Namen, um Viktor nicht zu korrigieren, bis er es vielleicht selber merkt.

...

Sie nennt ihn Vik.

...

Sie will nicht die Überlegene sein, das verträgt kein Mann, Viktor schon gar nicht; er ist Chirurg, also daran gewöhnt, daß die Leute ihm vertrauen müssen, und auch Marlis hat ihm damals vertraut.

...

Redensart von Marlis: Bist du sicher? Ob C., ein gemeinsamer Bekannter in Basel, eigentlich homosexuell sei, möchte sie wissen; kaum äußert er dazu seine Meinung, sagt Marlis: Bist du sicher?

…

In Avignon, wo er unter den Platanen auf sie wartet, fühlt er sich plötzlich wie früher, als er noch Humor hatte. Es kommt ihm wie ein Spuk vor. Sonne in den Platanen, Wind, wahrscheinlich Mistral. Vielleicht geht es heute besser. Er wird seinen Vorschlag, diese Reise abzubrechen, nicht machen. Im Grunde ist es lächerlich. Er sitzt unter Platanen an einem runden Tischchen und studiert den GUIDE MICHELIN, um nachher zu wissen, wie man am besten nach Montpellier fährt.

…

Er ist 42.

…

Einmal, als Student, hat Viktor eine Woche in der Provence verbracht. Er meint die Arena von Arles zu kennen, als sie gegen Arles fahren und als Marlis aus dem GUIDE MICHELIN vorliest: Angaben betreffend Durchmesser der Arena, Zahl der Plätze, Höhe der Fassade, Baujahr usw. Sie liest es französisch. Es ist französisch geschrieben, Marlis kann nichts dafür, daß er, sobald er französisch hört, sich wie im Examen fühlt; dabei versteht er's. Wenn sie im GUIDE MICHELIN liest, schaut sie nicht auf die Sicherheitslinie. Als Student, damals, war er mit einer Hamburgerin; was davon geblieben ist: seine Erinnerung, wie sie oben auf der Kranzmauer gesessen haben, eine sehr genaue Erinnerung an diese Arena von Arles. Er schildert sie im voraus. Ein guter Abend in Arles, Viktor erzählt mehr als sonst und lebhaft. Sie mag es, wenn er so erzählt. Sie trinken (was er sonst, wenn er im Dienst ist, nicht tut). Am andern Morgen besuchen sie die Arena von Arles – er stellt fest, daß er sich an die Arena von Nîmes erinnert hat, was Marlis nicht bemerkt, aber er.

...

Sie ist schlank. Sie hat ein großes Gebiß und volle Lippen, die, auch wenn sie nicht lacht, ihre Zähne immer sichtbar lassen. Wer ihr sagt, sie sei schön, ist durchgefallen; anderseits tut sie nicht wenig, um schön zu sein für den Mann, der sie als klug erkennt.

...

Eine Stunde nach Arles gesteht er, daß er die Arena von Arles und die Arena von Nîmes verwechselt habe.

...

Sie weiß, daß Viktor wartet. Sie findet, man habe Zeit. Warum geht er immer voraus, sodaß er dann warten muß? Sie kann nicht schneller. Es ist immer dasselbe. Als er unter den Platanen an dem runden Tischlein sitzt, sagt er sich selbst, daß es an ihm liegt: weil er immer vorausgeht. Sie hat recht; er kann ja Avignon genießen. Das tut er. Sonne in den Platanen. Als er sieht, daß Marlis wieder vor einem Schaufenster steht und nicht loskommt, obschon sie weiß, daß Viktor wartet, beschließt er: Geduld. Sie sagt, daß es auch in Avignon, wie sie eben gesehen habe, keine Schuhe gebe für sie. Ferner: daß sie viel zu leicht angezogen sei. Ob es in Spanien wärmer wird? Das vermutet er, sagt aber nichts, um für den Fall, daß diese Reise wirklich nach Spanien führt, nichts Falsches gesagt zu haben. Hingegen sagt er: Nimmst du ein Brioche? und was er anbietet: ein Croissant. Er merkt es gerade noch, verbessert sich aber nicht, da sie seine Frage überhört hat. Er bemerkt jetzt jeden Fehler, den er macht. So meint er. Dabei merkt er beispielsweise nicht, daß sie auf Feuer für ihre Zigarette wartet. Entschuldige! sagt er und gibt Feuer. Entschuldige. Die Wiederholung ist zuviel.

...

In Basel lebt sie nicht mehr bei ihrem Mann, aber auch nicht bei VIK; das würde, wie man weiß, ihre Sache bei der Scheidung belasten.

...

Wie er plötzlich, nachdem er Feuer für ihre Zigarette gegeben hat, sie anblickt: nicht böse, nur unpersönlich, wie man einen Gegenstand anblickt. Sie fragt, ob ihm denn ihre Kette nicht gefalle. Dann ruft er: Garçon! plötzlich so entschlossen. Als seine Hand über ihre Wange streichelt, bleibt es unklar, was diese Geste soll. Leider kommt aber der Garçon nicht, der nur fünf Schritte nebenan einen andern Tisch abwischt. Die Geste seiner Hand hat sie verwirrt. Er ist entschlossen, munter und lokker zu bleiben. Er sagt: Ein herrliches Wetter! Sie fragt: Hast du noch immer nicht bezahlt? Eine Frage ist kein Verweis; er klopft mit einer Münze an das Blech, bis Marlis ruft: Garçon? Jetzt kommt er. Daß sie, während er zahlt, den Garçon ausführlich befragt, wie man nach Montpellier fahre, brauchte ihn nicht zu verdrießen; Marlis kann ja nicht wissen, daß er vorher die Karte genau studiert hat. Als der Garçon endlich verschwunden ist, sagt sie: Du hast verstanden?

…

Wovor hat er Angst?

…

Einmal (nicht auf dieser Reise) hat sie im Halbscherz gesagt: Du bist nicht mehr mein Chirurg, Vik, daran mußt du dich gewöhnen.

…

In der Garage allein mit dem Mann, der den Wagen gewaschen hat, sagt er BENZIN (nasal) statt ESSENCE; es macht nichts aus, wenn Marlis nicht zugegen ist. Er bekommt, was er meint.

…

In Basel ist alles anders.

…

Ein einziges Mal auf der ganzen Reise, in Cannes, sagte sie: Idiot! weil er gegen ihren Hinweis in eine Einbahnstraße fährt. Warum nimmt Viktor es ernst? Dann wartet er auf die nächste Zensur.

…

Sie freut sich auf Spanien.

…

Schließlich ist sie Romanistin; wenn sie hin und wieder sein Französisch verbessert, sollte Viktor dankbar sein.

…

In Avignon wartet er im offenen Wagen, raucht, während sie noch etwas kaufen muß. Man hat Zeit. Ferien. Er raucht, er will sich Mühe geben. Als sie endlich kommt, empfängt er sie wie ein Kavalier, steigt aus dem Wagen und öffnet ihr die Türe, sagt: Ich habe deine Sonnenbrille gefunden! Sie lag unter dem Sitz. Marlis sagt: Siehst du! als habe er ihre Sonnenbrille verloren, die zweite auf dieser Reise. Was Marlis noch hat kaufen wollen, eine andere Nagelfeile, hat sie nicht gefunden; dafür Strandschuhe, die er lustig findet. Warum ist sie verstimmt? Sie hat immer das Gefühl, Viktor sei ungeduldig. Wie in Marseille. Sie hat einen halben Koffer voller Schuhe, und er versteht nicht, warum sie seit Marseille nur noch die Schuhe trägt, die sie drücken. Sein Vorschlag, nochmals über Marseille zu fahren, sollte nicht ironisch sein, aber das glaubt sie ihm nicht. Jetzt sind beide verstimmt.

...

Schade um die Bettnächte.

...

Daß die MANCHA nicht, wie Marlis behauptet hat, im Norden von Madrid liegt, weiß jedermann; immerhin hat er, bevor sie zum Frühstück gekommen ist, nochmals auf der Karte nachgesehen. Nicht um darauf zurückzukommen! Nur um sicher zu sein.

...

Man fährt im offenen Wagen, nachdem er versprochen hat, daß er keinesfalls rast. Es ist eben etwas anderes, ob man am Steuer sitzt oder daneben. Daß er dann (wie zwischen Cannes und

St. Raphaël) überhaupt nicht mehr überholt, sondern hinter jedem Lastwagen bleibt, ist in der Tat lächerlich; nachher findet er sich selber unmöglich.

...

Er haßt seinen Namen: VIKTOR, aber mag es auch nicht, wenn sie sagt: VIK, vorallem wenn die Leute am andern Tisch es hören.

...

Daß Europa zu einer einheitlichen Währung kommen muß und wird, ist seine Meinung; Marlis ist nicht überzeugt, hört sich aber seine Begründungen an und sagt nichts dazu. Warum wird er gereizt? Es ist nicht die Begründung, was sie nicht überzeugt.

...

Sie ist vollkommen genesen.

...

Wenn sie schweigt, gibt er sich selbst die nächste Zensur. Warum spricht er jetzt von den Spargeln im Elsaß (also wieder vom Essen!) statt Ausschau zu halten, wo die Ausfahrt nach Montpellier ist? Sie setzt die Sonnenbrille auf, sagt: Hier kommen wir nach Lyon! und da er schweigt: Ich denke, du willst nach Montpellier. Er hängt seinen linken Arm aus dem Wagen, um sich locker zu geben. Kurzdarauf ein Wegweiser: TOUTES LES DIRECTIONS. Im Elsaß, damals auf ihrer ersten Liebesfahrt, hatte sie einfach Vertrauen. Nochmals ein Wegweiser: TOUTES LES DIRECTIONS. Noch immer kein Fehler.

…

Wenn er meint, er habe Humor, findet sie es meistens nicht; dann wieder kommt es vor, daß sie über eine Bemerkung von ihm auflacht, und er weiß nicht warum.

…

Sie knotet sich das Kopftuch, ein neues, das sie sich statt der Nagelfeile gekauft hat; Viktor bemerkt es erst, als sie fragt: Wie gefällt es dir? Plötzlich sagt er: Du hast recht! als habe sie etwas gesagt nach seiner Bemerkung, er sei ohne sie schon einmal von Bagdad nach Damaskus gefahren durch die Wüste und habe es gefunden; jetzt sagt er: Wir sind am Arsch! was Marlis verwundert, da es sonst nicht seine Ausdrucksweise ist. Er lacht, als stehe man auf dem berühmten Pont d'Avignon, der in der Mitte abbricht; tatsächlich befindet man sich nur in einem Industrie-Areal mit dem Schild: PASSAGE INTERDIT. Er schaltet in den Rückwärtsgang, sie sagt: Sei nicht nervös. Als er nach einer Serie von Fehlern (man hört sie aus dem Getriebe) die Straße gefunden hat, die jeder Idiot findet, hat Viktor noch immer nicht gesagt, ob ihr neues Kopftuch ihm gefällt.

…

Sie ist klug ohne Begründungen.

…

Wenn er jetzt seinen weißen Klinik-Mantel anziehen könnte, wäre es sofort anders; die Vorstellung, daß er im weißen Klinik-Mantel durch die Provence und nach Spanien fährt –

…

Warum erzählt er nichts?

…

Es stimmt nicht, daß er noch nie einen Unfall hatte. Marlis weiß es nur nicht, es ist lange her. Unfall mit viel Glück. Er selber hat es sozusagen vergessen. Als es ihm einfällt, blickt er Marlis von der Seite an: als habe sie ihn daran erinnert durch ihr Schweigen, nachdem er gerade einen Deuxchevaux überholt hat.

…

Was heißt eigentlich Plexus? Er ist Chirurg, und es wäre komisch, wenn er's nicht wüßte. Trotzdem wartet er darauf, daß sie sagt: Bist du sicher? Sie schweigt aber. Erst als Viktor meint, die Route über Aigues Mortes sei die kürzere, sagt sie: Bist du sicher?

…

Marlis sitzt barfuß im Wagen, da ihre Schuhe sie drücken, aber sie spricht nicht davon. Er nimmt Anteil – statt daß er irgend etwas erzählt.

…

Warum legt er seine Hand auf ihren Schenkel?

…

In Antibes hat er sie angebrüllt, erinnert sich aber nicht mehr, wie es dazu gekommen ist. Später will er sich entschuldigt haben, indem er sagte: Also gut! – bleich vor Wut, ohne zu glauben, daß er im Unrecht war: Ich bitte um Entschuldigung!

…

Ob die flache Landschaft, die Marlis entzückt, als Provence oder als Camargue anzusprechen sei, ist eigentlich doch gleichgültig. Wieso beharrt er auf Camargue? Vielleicht hat er ja recht.

…

Kein Wort bis AIGUES MORTES.

…

Er kommt entgegen ihrer Warnung, die er nicht einmal mit einer Miene beantwortet, tatsächlich in einen sehr knappen Parkplatz. Ohne Kratzer und sogar auf den ersten Anhieb. Wortlos. Hundert Schritt weiter sind lauter leere Parkplätze und sogar im Schatten. Nur hat auch Marlis das nicht wissen können. Sie sagt auch nichts.

…

Apéritif unter Platanen allein, während sie sich im Städtchen umsieht. Plötzlich fühlt er sich wie in den Ferien. Dieses Licht unter den Platanen, dieses Licht usw.

…

Daß sie ihm ihr Leben verdanke, hat er, Vik, nie gemeint. Es ist eine Operation gewesen, die in der Regel gelingt. Vielleicht hat sie es gemeint –

…

Hier könnte man bleiben. Es ist elf Uhr, zu früh zum Mittagessen. Trotzdem könnte man hier bleiben. Die alten Festungsmauern halten den Mistral ab. Wenn Marlis zurückkommt, wird er wie verwandelt sein: heiter, gelassen – es liegt an ihm, nur an ihm.

...

Manchmal möchte er ein Kind von ihr.

...

Sie weiß nicht, warum Viktor solche Geschichten macht wie in Antibes. Erst brüllt er sie an, dann schlägt er ein Restaurant vor, BONNE AUBERGE, Drei-Stern. Sie glaubt nicht an diese Sterne. Er besteht darauf. Schon wieder verstimmt, daß sein Vorschlag nicht entzückt, läßt er sie eine Stunde allein in Antibes bummeln. Was macht er? Als man sich wieder trifft, nochmals dasselbe Palaver, wo man speisen will; ihr Einwand, aber es gebe Restaurants in der Nähe, wozu Drei-Stern usw. Die Gegend, wo er hinfährt, sieht nicht nach Restaurants aus; als sie endlich fragt: Bist du sicher? fährt er wortlos weiter, zweigt ab, zweigt nochmals ab, und da steht es: BONNE AUBERGE. Der Oberkellner führt zum Tisch auf der Terrasse, den der Herr vor einer Stunde persönlich ausgesucht hat. Leider ist es jetzt auf der schönen Terrasse zu kühl, drinnen Kulisse, Bedienung in Folklore, das Essen ist mäßig, aber teuer, aber es macht nichts. Marlis ist lieb, obschon er sie vor einer Stunde angebrüllt hat; er tut ihr leid.

...

Mistral ist auch der Name eines Dichters – was Viktor gewußt hat. Hingegen kommt der Wind, der ebenfalls Mistral heißt, nicht vom Meer her, wie Marlis meint. Das nebenbei. Hingegen hat sie natürlich recht: LETTRES DE MON MOULIN, das ist von Alphonse Daudet, das hat er in der Schule gelesen, aber nicht von Mistral. Das nebenbei. Eigentlich hat sie nur gesagt: Mistral ist ein Dichter, das weißt du.

...

Er fährt einen Porsche.

...

Unter den Platanen von AIGUES MORTES: sein Griff in die Joppe, um sich zu versichern, daß er seinen Paß nicht verloren hat. Viktor hat seinen Paß noch nie verloren. Sein Schrekken, als sein Paß nicht in der Joppe ist; aber im gleichen Augenblick erinnert er sich: er ist im Wagen, sein Paß. Er ist sicher, erinnert sich genau, wie er den Paß in das Fach gesteckt hat; aber er wird nachsehen. Er ist nicht sicher.

...

Wenn er seinen Entschluß im Badezimmer, heute diese Reise abzubrechen, durchgeführt hätte, wären sie jetzt in Lyon, abends in Basel – während es hier so schön ist: Dieses Licht unter den Platanen, dieses Licht usw. Wenn sie kommt, wird er einen Vorschlag machen: Bummel ans Meer.

...

Hoffentlich findet sie ihre Schuhe.

…

Unter den Platanen von Aigues Mortes: eine Stunde vor dem Unglück möchte er noch einen schwarzen Kaffee. Ob er zu müde sei, um zu fahren? Er lobt das Licht unter den Platanen, dieses Licht usw., Tauben gurren um das Denkmal des SAINT LOUIS. Marlis möchte weiter, sie hat wirklich keinen Hunger, sie möchte nicht einmal einen Apéritif. Jetzt findet Viktor, man habe ja Zeit. Ein Alter mit drei langen französischen Broten unter dem Arm.

…

Spanien war ihre Idee.

…

Er hält sich nicht für einen Egoisten. Er ist nur glücklich, wenn er meint, er könne jemand glücklich machen. Gelingt das nicht, so ist er entsetzt; er bezieht alles auf sich.

…

Wer die beiden von außen sieht, findet nichts daran, daß sie LE PROVENÇAL liest, während er, seine langen Beine auf das Trottoir gestreckt, Kaffee trinkt und auf das Wunder wartet – es müßte von außen kommen, von den gurrenden Tauben … Er wäre bereit zu heiraten. Nur eine Frage des Humors. Willst du hier noch lange sitzen? fragt sie. Entschuldige! sagt er: Du liest ja die Zeitung, nicht ich. Er meint's nicht so, wie es tönt, und daß er dann ihre Handtasche trägt, Kavalier aus Bedürfnis, ist sie gewohnt. Also kein Wunder.

…

Zum ersten Mal ist es Viktor, der einen Kreuzgang besichtigen möchte. Romanik. Sie mag nicht.

…

Sie gehen Arm in Arm.

…

Zum ersten Mal ist es Viktor, der überall stehen bleibt. Markt mit Früchten und Gemüse. Es ist rührend, wenn Viktor sagt: Hier gibt's Schuhe! und offenbar noch immer nicht weiß, was sie sucht.

…

Warum muß man nach Spanien?

…

Er wartet in einer Gasse, Marlis hat ihr Kopftuch vergessen, er wartet eigentlich nicht auf Marlis. Was würde er machen, wenn er allein wäre? Als er sieht, daß sie kommt, daß sie wieder vor einem Schaufenster stehen bleibt, kauft er eine HERALD TRIBUNE, um zu wissen, was in der Welt geschieht. Nach einer Weile, als er von der Zeitung aufblickt, ist Marlis verschwunden –

…

Touristen beim Mittagessen.

…

Später sagt sie: Entschuldige! Sie hat eine lustige Mütze gekauft. Nein! lacht sie: Für dich! Marlis ist bester Laune. Als er den Wagen öffnet, ihre Frage: Oder fahre ich jetzt? Er fährt. Warum immer nur er? Er bittet dringlich, daß sie ihn ans Steuer läßt. Das läßt sich jetzt nicht erklären. Gefällt sie dir nicht? Sie meint die bunte Mütze. Zum ersten Mal hat er Angst vor der Straße.

...

Sie ist ein Kind.

...

Sein Paß ist im Fach.

...

Du siehst lustig aus! Sie hat ihm die bunte Mütze aufgesetzt, damit er nicht so ernst sei. Er wundert sich, daß Marlis sich anschnallt. Ohne Aufforderung. Er läßt die Mütze auf dem Kopf, als er schaltet, Blick zurück, um hinten nicht anzustoßen. Nur jetzt kein Fehler –

...

Das also ist Aigues Mortes gewesen.

...

Sie hat einen Sohn, der zur Schule geht; sie hat in Paris studiert; sie ist in Scheidung; sie ist eine Frau, kein Kind.

...

Pferde der Camargue. Manchmal sagt sie etwas, manchmal sagt er etwas. Zum Glück wenig Verkehr. Dann wieder versucht er beruflich zu denken: Wann ist ein Mensch tot? Die Frage bei Herzverpflanzungen. Er ertappt sich im Augenblick, als er sagt: Morgen muß ich Öl wechseln! statt daß er sagt, was er denkt. Er macht es sich zu einfach.

...

Früher, als Kind, ist sie geritten.

...

Fahrt hinter einem belgischen Wohnwagen, ohne zu überholen; als er endlich überholt, reicht es gerade noch, aber es war gefährlich. Sie sagt nichts.

...

Patienten schätzen ihn: seine Ruhe, seine Sicherheit, seine Zuversicht usw.

...

Jetzt trägt sie die lustige Mütze. Dir steht alles! sagt er, aber er schaut auf die Straße. Hört er überhaupt zu? Sie liest aus dem GUIDE MICHELIN vor, damit er sich auf die Höhlenmalerei von Altamira freue, damit er nicht nur an seinen Ölwechsel denkt, damit er weiß, warum sie nach Altamira fahren. Sie meint's lieb.

...

Er hatte immer Glück, verglichen mit andern Leuten, gesundheitlich und beruflich und überhaupt, nicht nur als Alpinist (Piz Buin) –

...

Sie sagt: Denkst Du schon wieder ans Essen! Er denkt überhaupt nichts, sondern schaut auf die Straße; er hat nur irgend etwas sagen wollen, was mit Montpellier zu tun hat, weil er ein Schild sieht: MONTPELLIER 12 KM. Er hätte besser nichts gesagt.

...

Viktor kommt mit leichten Verletzungen davon, Schnittwunden an der Schläfe, erinnert sich aber an keinen Lastwagen mit Anhänger. Sie stirbt auf dem Transport ins Hospital von Montpellier. Er erinnert sich nicht einmal an die Allee, wo es passiert ist, wo jetzt der gekippte Anhänger zwischen den Platanen liegt; beim Augenschein kommt es ihm vor, als befinde er sich zum ersten Mal in dieser Allee mit der Kreuzung, wo er verhört wird (französisch) und erfährt, daß er Vorfahrt hatte, also keine Schuld.

...

Später wird er Oberarzt.

...

Ein Jahrzehnt lang spricht er nie von dem Unglück bei Montpellier; er weiß nicht, wie es dazu gekommen ist.

...

Einige Bekannte wissen es ungefähr.

...

Er wird Chef einer Klinik, Vater von zwei Kindern, reist viel, aber nie nach Spanien.

...

Ein Arzt, der am Vorabend einer Operation von sich selber erzählt, ist eine Zumutung, das weiß er; trotzdem erwähnt er plötzlich seinen Unfall bei Montpellier in Frankreich: – Ich hatte Vorfahrt, wie gesagt, insofern keinerlei Schuld ... Nachher sagt er: Wie sind wir eigentlich auf diesen Unfall gekommen? Der Patient weiß es auch nicht. Warum sagt er nicht einfach Gutnacht, das Übliche: Sie werden schlafen, sonst klingeln Sie der Nachtschwester. Aber das hat er schon vorher gesagt. Dann hat er eines der Bücher vom Nachttisch genommen, ohne mehr als den Titel zu lesen. Er legt es wieder auf den Nachttisch. Was er eigentlich hat sagen wollen: Kein Grund zur Sorge, er werde morgen dabeisein, nicht selber operieren, aber dabeisein, kein Grund zur Sorge usw.

...

Er hatte nie wieder einen Unfall.

...

Der Patient, offensichtlich enttäuscht, wagt nicht zu fragen, warum der Chef nicht selber die Operation vornimmt.

...

Ihre Frage: Bist du sicher?

...

Mehr über den Unfall berichtet er nie.

...

Marlis hat den Lastwagen gesehen, sie hat ihn gewarnt, er hat den Lastwagen gesehen, aber nicht gebremst; er hatte Vorfahrt. Es kann sein, daß er sogar Gas gegeben hat, um zu zeigen, daß er sicher ist. Sie hat geschrien. Die Gendarmerie von Montpellier gab ihm recht.

Epilog

In der Nacht stoßweise Wind. Kein Regenrauschen, aber es tönt so. Eine Jalousie, kaputt, schlägt Alarm. Rauschen in den trokkenen Bäumen. Er ist wach. Kein Grund, das Bett zu verlassen. Die Fensterscheiben halten stand. Um zwei Gartensessel, die ohnehin kaputt sind, ist es nicht schade. Kein Wetterleuchten, nur Stöße von Wind, wahrscheinlich ist es sternenklar über dem Meer. Was kann schon geschehen? Der Wagen ist in der Garage. Keine Lampe, die baumelt; kein Erdbeben. Später fällt das elektrische Licht aus. Die Vorstellung, daß die Insel am nächsten Morgen überschwemmt sei, das Haus allein auf dem Hügel mit den Oliven. Später sitzt er barfuß im Wohnzimmer, wo er nochmals einschläft, allein im Haus, das standhält. Der Morgen ist blau und gewöhnlich. Ein Sonnenschirm ist gekippt und gebrochen, die Insel nicht überschwemmt. Er erinnert sich nicht, was er in der Nacht alles gedacht hat. Da und dort Äste auf der trockenen Erde. Er frühstückt im Pyjama, überlegt, wer die Jalousie reparieren könnte. Später sammelt er die Äste von dem trockenen Boden, bevor er sich ankleidet, barfuß. Das Telefon ist auch ausgefallen, aber das entdeckt er erst jetzt. Später kommt Post, die zeigt, daß alles weitergeht. Boden unter den Füßen. Es kommt ihm vor, als gebe es Dringlicheres. Die Idee, das Haus zu verkaufen. Er weiß nicht, womit es zu tun hat. Alles ohne Zusammenhang: seine Frau, die auf seinen Anruf wartet, der Sonnenschirm, die Briefe, der blaue und gewöhnliche Tag, seine Schuhe, die er anziehen sollte. Gegen Mittag geht er barfuß zum Strand. Erinnerung an den Wind in der Nacht und an die Allee von Montpellier, die Kreide auf dem Asphalt, die Touristen, das Dorf, kein Grund zum Schrecken. So geht er schwimmen. Kein Boden unter den Füßen, der wolkenlose Himmel über dem Meer. Einmal möchte er es wissen. Er schwimmt hinaus, solange die Kräfte reichen, und sie reichen so weit, bis man kein Land mehr sieht.

ERNST JANDL

liegen, bei dir

ich liege bei dir. deine arme
halten mich. deine arme
halten mehr als ich bin.

deine arme halten, was ich bin
wenn ich bei dir liege und
deine arme mich halten.

MIRANDA JULY
Etwas, das nichts braucht

In einer gerechten Welt wären wir Waisen gewesen. Wir fühlten uns wie Waisen, und wir hatten das Gefühl, das Mitleid zu verdienen, das man Waisen entgegenbringt, aber wir hatten Eltern, so peinlich es auch war. Ich sogar zwei. Sie hätten mich nie gehen lassen, deswegen verabschiedete ich mich nicht; ich packte meine Sachen in eine winzige Tasche und hinterließ eine Nachricht. Auf dem Weg zu Pips Haus löste ich die Schecks ein, die ich zum Abitur bekommen hatte. Dann setzte ich mich bei ihr auf die Veranda und tat so, als wäre ich zwölf oder fünfzehn oder auch sechzehn. In jedem dieser Alter hatte ich von dem heutigen Tag geträumt; ich hatte mir sogar ausgemalt, hier zu sitzen und ein letztes Mal auf Pip zu warten. Sie hatte gerade das umgekehrte Problem: Ihre Mom *würde* sie gehen lassen. Ihre Mom hatte monströs angeschwollene Beine, die das Symptom von etwas viel Schlimmerem waren, und wurde ständig mit hohen Dosen Marihuana behandelt.

Wir reisen ab, Mom.

Wohin?

Nach Portland.

Kannst du mir erst noch einen Gefallen tun? Kannst du mir diese Zeitschrift da bringen?

Wir brannten darauf, unser neues Leben zu beginnen, unser Leben als Menschen, die keinen Menschen hatten. Eine Wohnung zu finden war einfach, weil wir keine Ansprüche stellten; wir waren hin und weg, dass es *unsere* Tür, *unser* modernder Teppich, *unser* Kakerlakenbefall war. Wir hängten Papierwimpel und chinesische Lampions auf und teilten uns das uralte Bett, das zum Studio gehörte. Für eine von uns war das ungeheuer aufregend. Eine von uns war schon immer in die andere verliebt gewesen. Eine von uns lebte in einem Zustand permanenten Verlangens. Aber wir hatten uns schon als Kinder kennen gelernt und waren anscheinend dazu verdammt, wie Kinder zu schlafen, oder wie ein altes Ehepaar, das sich noch vor der sexuellen Revolution kennen gelernt hatte und zu schüchtern war, sich auf die neuen Sitten einzulassen.

Wir wollten unbedingt einen Job und gingen praktisch nirgendwohin, ohne eine Bewerbung auszufüllen. Aber kaum hatte uns jemand eingestellt – um Möbel abzuschleifen –, konnten wir es nicht fassen, dass Menschen tatsächlich den ganzen Tag lang so etwas machten. Alles, was in unserer Vorstellung ›die Welt‹ gewesen war, war in Wirklichkeit das Ergebnis von irgendjemandes Arbeit. Jede Linie auf dem Bürgersteig, jede Salzstange. Alle hatten modernde Teppiche und eine Wohnungstür, für die sie bezahlen mussten. Entsetzt kündigten wir. Es musste doch eine menschenwürdigere Lebensweise geben. Wir brauchten Zeit, um darüber nachzudenken, wer wir waren, um eine Theorie unserer selbst zu entwerfen und in Musik umzusetzen.

Dieses Ziel vor Augen, heckte Pip einen neuen Plan aus. Wir nahmen ihn entschlossen in Angriff; drei Wochen hintereinander reichten wir unsere Anzeige bei der Lokalzeitung ein, schrieben sie um und reichten sie erneut ein, bis sie endlich vom *Portland Weekly* angenommen wurde. Sie hörte sich nun nicht mehr unverhohlen nach Prostitution an, doch für die richtige Leserin war sie unmissverständlich. Unsere Zielgruppe waren reiche Frauen, die Frauen liebten. Gab es so etwas? Wir würden auch weniger gut betuchte Frauen akzeptieren, die ein bisschen was gespart hatten.

Die Anzeige erschien einen Monat lang, und unser Anrufbeantworter quoll über vor Nachrichten. Jeden Tag fahndeten wir unter den aberhunderten von Männern nach der einen, ganz besonderen Lady, die unsere Miete zahlen würde. Sie ließ auf sich warten. Vielleicht las sie den Kleinanzeigenteil des kostenlosen Wochenblatts nicht einmal. Wir wurden unruhig. Wir wussten, es war die einzige Möglichkeit, Geld zu verdienen, ohne uns zu kompromittieren. Konnten wir Mr. Hilderbrand, den Vermieter, mit Essensbons bezahlen? Konnten wir nicht. Hatte er Interesse an der alten Kamera, die Pips Großmutter ihr geliehen hatte? Hatte er nicht. Er wollte auf die herkömmliche Art und Weise bezahlt werden. Pip begann verbissen, die Nachrichten nach einem netten Mann zu durchkämmen. Ich beobachtete ihr jungenhaftes Gesicht beim Abhören und erkannte, dass sie total verängstigt war. Ich dachte an ihren kleinen Hintern, der wie ein Stück Gebäck war, und an die warme, komplizierte Welt zwischen ihren Beinen. Lass es einen ganz Verkümmerten sein, betete ich. Einen Mann, der uns wirklich nur zusehen will, wie wir in Unterwäsche herumhüpfen. Plötzlich grinste Pip und notierte einen Namen. Leanne.

Der Bus setzte uns am Ende der gekiesten Auffahrt ab, die Leanne uns am Telefon beschrieben hatte. Wir hatten ihr gesagt, wir hießen Astrid und Tallulah, und hofften, ›Leanne‹ sei ebenfalls ein Pseudonym. Wir wünschten uns, dass sie eine Smoking-Jacke oder eine Boa trüge. Wir hofften, dass sie mit dem Werk von Anaïs Nin vertraut wäre. Wir hofften, dass sie nicht so wäre, wie sie am Telefon geklungen hatte. Nicht arm, nicht alt, nicht willens, für die Gesellschaft von jedem zu zahlen, der den ganzen weiten Weg nach Nehalem, Einwohnerzahl 210, fahren würde.

Pip und ich gingen den Kiesweg entlang auf ein kleines, braunes Haus zu. Dort wurde schlechtes Essen gekocht, das konnten wir riechen. Und dann trat eine Frau auf die Veranda, sie runzelte die Stirn. Ihr Alter war von unserem Standpunkt aus schwer zu bestimmen, einem Punkt in unserem Leben, an dem wir von älteren Körpern nur eine ungenaue Vorstellung hatten. Sie war vielleicht so alt wie die ältere Schwester meiner Mutter. Und wie Tante Lynn trug sie Leggings, königsblaue Leggings und ein übergroßes Button-Down-Hemd mit irgendeiner Stickerei. Mein Verstand zerdehnte sich vor nervöser Angst. Ich schaute Pip an, und für einen Sekundenbruchteil kam es mir vor, als sei sie in meinem Leben alles in allem niemand Besonderes. Sie war bloß irgendein Mädchen und hatte mich an ihr Bein gebunden, damit sie besser sank, wenn sie von der Brücke sprang. Dann blinzelte ich und war wieder in sie verliebt.

Sie winkt, und wir winken. Wir winken, bis wir nah genug sind, um Hallo zu sagen, und dann sagen wir Hallo. Jetzt sind wir nah genug, uns zu umarmen, aber wir umarmen uns nicht. Sie sagt, Kommt rein, und drinnen ist es dunkel, keine Kinder. Natürlich sind da keine Kinder. Pip fragt sofort nach dem Geld, wie wir es vorher abgesprochen haben. Es ist schrecklich, um irgendetwas bitten zu müssen. Wir wünschten, wir wären etwas, das nichts braucht, so etwas wie ein Anstrich. Doch selbst ein Anstrich braucht gelegentlich einen Neuanstrich. Leanne sagt, wir seien jünger, als sie erwartet habe, und fordert uns auf, Platz zu nehmen. Wir setzen uns auf eine alte Vinylcouch, und sie geht aus dem Zimmer. Das Zimmer ist scheußlich, überall türmen sich Zeitschriften, und das Mobiliar könnte aus einem Motel stammen. Wir sehen weder einander an, noch irgendetwas, das spiegelt. Ich starre auf meine eigenen Knie.

Ziemlich lange wissen wir nicht, wo sie ist, dann spüre ich allmählich, dass sie gleich hinter uns steht. Ich merke es erst kurz bevor sie ihre Fingernägel durch mein Haar zieht. Ich hatte sie nicht für den sexversessenen Typ Frau gehalten, aber jetzt sehe ich, dass ich keine Ahnung habe. Es hat angefangen, und jede Sekunde bringt uns dem Ende näher. Ich sage mir, dass lange Fingernägel gleich Reichtum sind; der Gedanke an Reichtum beruhigt mich immer. Ich rede mir ein, Parfüm zu riechen. Als hätten wir alle teures Shampoo benutzt. Als alberten wir die ganze Zeit nur völlig unbeschwert herum. Mein Kopf entspannt sich, und ich mache die Übung, bei der man sich vorstellt, zu Honig zu zerlaufen. Mein Verstand schaltet so weit runter, dass er für keine andere Tätigkeit mehr betriebsbereit wäre. Von vier Sekunden lebe ich immer nur eine, von einer vollen Stunde registriere ich nur fünfzehn Minuten. Ich sehe sie in einem nicht ganz sauberen Slip vor uns stehen, und ich sterbe. Ich sehe Pip ihre Schuhe ausziehen, und sterbe. Ich sehe mich mit einer Brustwarze spielen, und sterbe.

Auf der langen Heimfahrt sagte keine von uns ein Wort. Wir waren Papierdrachen, die es in entgegengesetzte Richtungen zog, doch die Leinen wurden von einer Hand gehalten. Das Geld, das wir gerade eingenommen hatten, befand sich in derselben Hand. Auf dem Heimweg kaufte Pip noch eine Tüte Chips, und damit fehlten uns zu unserer Miete 1.99 Dollar. Jetzt erschien es uns sonnenklar, dass wir mehr hätten verlangen sollen. Pip steckte das Geld in einen Umschlag und schrieb

Mr. Hilderbrand darauf. Dann standen wir da, jede für sich, lädiert und nach Leanne riechend. Wir wandten uns voneinander ab und machten uns daran, all die kleinen Stricke unserer Misere festzuzurren. Ich ließ mir ein Bad einlaufen. Als ich gerade in die Wanne steigen wollte, hörte ich die Wohnungstür zufallen und erstarrte mitten in der Bewegung; sie war weg. So was machte sie manchmal. In den Situationen, in denen andere Paare stritten oder zusammensaßen, verließ sie mich. Ich wartete mit einem Bein in der Wanne auf ihre Rückkehr. Ich wartete unzumutbar lange, lang genug, um zu begreifen, dass sie heute Abend nicht mehr zurückkommen würde. Aber was, wenn ich es abwartete, wenn ich nackt hier stehen bliebe, bis sie zurückkam? Dann könnte ich genau in dem Augenblick, in dem sie zur Haustür hereinkäme, die Bewegung zu Ende bringen und mich in das mittlerweile kalte Wasser setzen. Solche seltsamen Aktionen waren bei mir nichts Neues. Ich hatte mich stundenlang unter Autos versteckt und darauf gewartet, entdeckt zu werden; ich hatte ein und dasselbe Wort siebentausendmal hingeschrieben im Versuch, die Zeit einem alchimistischen Prozess zu unterziehen.

Ich analysierte meine Position in der Badewanne. Der Fuß im Wasser war bereits schrumpelig. Wie würde ich mich bei Einbruch der Dunkelheit fühlen? Und wie lange würde es dauern, bis sie ins Badezimmer schaute, wenn sie irgendwann heimkam? Würde sie begreifen, dass die Zeit stillgestanden hatte, während sie fort war? Und selbst wenn sie zur Kenntnis nahm, dass ich das Unmögliche für sie vollbracht hatte, was wäre dann? Dankbar oder verständnisvoll war sie nie. Ich wusch mich schnell, mit überzogenen Bewegungen, um mich der drohenden Lähmung zu erwehren.

Ich tigerte in unserem winzigen Zimmer herum. Es kam mir überhaupt nicht in den Sinn, nach draußen zu gehen; ich hatte keine Ahnung, wie ich mich ohne sie in der Stadt zurechtfinden sollte. Es gab nur eines, was ich nicht machen konnte, wenn sie bei mir war, also legte ich mich nach einiger Zeit aufs Sofa und machte es. Ich schloss die Augen. In all den reichlich abgenutzten Erinnerungen waren wir zwischen sechs und acht. Wir lagen unter der Decke auf der Schlafcouch ihrer Mom oder auf dem oberen Bett meines Etagenbetts oder in einem Zelt in ihrem Garten. Jeder dieser Orte hatte seine eigene Macht. Egal wo wir waren, es ging los, wenn Pip flüsterte: Paaren wir uns. Sie rutschte auf mich drauf, und wir schlangen die Arme umeinander. Wir rubbelten unsere schmalen Beckenknochen aneinander, so energisch wir konnten. Wenn es klappte, bekam man eine Art Aufstehschwindel im Liegen.

Aber kurz bevor ich so weit war, fiel mir ein knisterndes Geräusch irgendwo in der Luft auf. Es war da und störte, leise und hartnäckig. Dann blickte ich hoch. Über meinem Kopf schwankten unsere fünf chinesischen Papierlampions, sacht, wie aus eigenem Antrieb. Als ich meine Hand danach ausstreckte, wurde mir plötzlich klar, warum, aber es war zu spät, mich noch zu bremsen. Ich schüttelte einen der Lampions, und aus dem Loch im Boden regneten Kakerlaken herab. Sie fingen schon im Fallen an zu krabbeln. Noch ehe sie, wo auch immer, landeten, waren sie auf Eroberung aus. Und als sie aufschlugen, starben sie nicht, sie dachten gar nicht daran, zu sterben. Sie rannten.

Als Pip schließlich nach Hause kam, waren wir uns einig, dass der Leanne-Job sich nicht gelohnt hatte. Aber ein paar Tage später sahen wir Nastassja Kinski in *Paris, Texas.* Sie trug einen langen roten Pullover und arbeitete in einer Peepshow. Ich fand, das sah wie ein ziemlich lockerer Job aus, solange nicht Harry Dean Stanton aufkreuzte, aber Pip war anderer Ansicht.

Niemals. Das mach ich nicht.

Ich könnte es allein machen.

Das brachte sie so in Rage, dass sie Geschirr spülte. Wir spülten nie, außer wir wollten würdevoll und selbstzerstörerisch wirken. Ich stand im Türrahmen und versuchte meinen Anteil an unserem Schweigen aufrechtzuerhalten, während ich zusah, wie sie an versteinerten Nudeln kratzte. In Wahrheit hatte ich noch nicht gelernt, jemanden zu hassen, abgesehen von meinen Eltern. Ich stand bloß verliebt da. Ich stand noch nicht einmal richtig; wäre sie plötzlich weggegangen, wäre ich umgekippt.

Ich mache es nicht, schon gut.

Klingt, als wärst du enttäuscht.

Bin ich nicht.

Hör auf; ich weiß, du willst, dass sie dich angaffen.

Wer?

Männer.

Nein, will ich nicht.

Wenn du das machst, kann ich nicht mehr bei dir bleiben.

In gewisser Weise war es das Romantischste, was sie je zu mir gesagt hatte. Man konnte es so verstehen, dass wir nicht zusammenwohnten, weil wir zusammen aufgewachsen waren und sonst niemanden kannten, sondern wegen etwas anderem. Weil wir beide nicht wollten, dass Männer mich angafften. Ich sagte ihr, ich würde niemals in einer Peepshow arbeiten, und sie hörte auf zu spülen, was bedeuten sollte, dass für sie alles wieder gut war. Aber für mich war längst nicht alles wieder gut. In den vergangenen zehn Jahren hatten wir uns nur dreimal angefasst.

1. Als sie elf war, hat ihr Onkel versucht, sie zu missbrauchen. Als sie mir das erzählte, habe ich geweint, und sie hat mich aufs Kinn geschlagen. Ich rollte mich vierzig Minuten lang zu einer Kugel zusammen, bis sie mich entrollte. Ich hielt meine Augen geschlossen, als sie meine Knie von meiner Brust wegzog, und konnte spüren, dass sie meinen Körper betrachtete. Ich wusste, wenn ich die Augen weiter geschlossen hielte, würde es passieren, und so kam es auch. Sie schob ihre Hand unter meine Strumpfhose und tastete sich vor, bis sie das Ding gefunden hatte, das sie von sich selbst kannte. Dann ruckelte sie auf hitzige, animalische Weise mit ihren Fingern, was mir schnell das vertraute Schwindelgefühl verschaffte. Als es vorbei war, befahl sie mir, niemandem etwas davon zu erzählen, und ich wusste nicht, ob sie das mit mir meinte oder das mit ihrem Onkel.

2. Als wir vierzehn waren, haben wir uns das erste Mal betrunken, und etwa neun Minuten lang schien alles möglich, und wir küssten uns. Diese Begegnung erschien mir verheißungsvoll normal, und in den darauf folgenden Tagen hoffte ich auf noch mehr Küsse, vielleicht sogar auf einen Austausch von Ringen oder Medaillons. Aber es wurde nichts ausgetauscht. Jede behielt ihre Sachen für sich.

3. In unserem letzten Highschool-Jahr hatte ich eine Zeitlang eine andere Freundin. Sie war ein ganz normales Mädchen, ihr Name war Tammy, und sie hörte gern die Smiths. Ich hätte mich nie in sie verlieben können, denn sie war genauso eine Null wie ich. Jeden Tag vertraute sie mir alles an,

was ihr durch den Kopf ging, wie das wohl die meisten Mädchen untereinander so machen. Ich wollte auch von mir reden, unbedingt sogar, aber ich fand einfach keinen Einstieg. Sie war mir immer schon so weit voraus und bei allen Einzelheiten irgendwelcher Gedichte, die sie unter dem Eindruck ihrer Träume geschrieben hatte. Also nahm ich mir Pip zum Vorbild und hing einfach mit ihr rum. Pip hielt nicht viel von Tammy, aber die Normalität dieser Freundschaft weckte bei ihr eine gewisse Neugier.

Was treibt ihr beiden denn so?

Nichts. Kassetten hören und so.

Sonst nichts?

Letztes Wochenende haben wir Erdnussbutter-Kekse gebacken.

Oh. Hört sich lustig an.

Ist das sarkastisch gemeint?

Nein, wirklich.

Also kam sie das nächste Mal mit, als ich zu Tammy ging. Es machte mich ein wenig nervös, denn Tammy hatte Eltern, die immer in der Nähe waren. Üblicherweise wussten Eltern nicht so genau, was sie von Pip halten sollten, die eher wie ein Junge als wie ein Mädchen aussah und die Mütter irgendwie zur Koketterie animierte, während Väter sich seltsam bedroht fühlten. Aber Tammys Eltern guckten gerade einen Film und winkten nur geistesabwesend an ihren Hinterköpfen vorbei, als wir hereinkamen. Wie vorausgesagt, hörten wir uns Kassetten an. Pip fragte, ob wir vorhätten, Erdnussbutter-Kekse zu backen, aber Tammy meinte, es seien nicht die nötigen Zutaten da. Dann warf sie sich aufs Bett und fragte, ob wir *zusammen* wären oder wie? Eine fürchterliche Leere erfüllte den Raum.

Ich starrte aus dem Fenster und wiederholte im Kopf das Wort ›Fenster‹, ich war bereit, auf unbestimmte Zeit zu *Fenster Fenster Fenstern,* da antwortete Pip plötzlich.

Ja.

Cool. Ich habe einen schwulen Cousin.

Tammy erklärte uns, dass ihr Zimmer ein sicherer Ort wäre und wir uns nicht verstellen müssten. Dann zeigte sie uns den neon-rosa Sticker, den ihr Cousin ihr geschickt hatte. Darauf stand FUCK YOUR GENDER. Wir sahen alle schweigend den Aufkleber an und ließen seine doppelte Bedeutung auf uns wirken – mindestens zwei Bedeutungen, wahrscheinlich sogar mehr. Tammy schien auf etwas zu warten, als müssten Pip und ich gehorsamst übereinander herfallen, kaum dass wir den markigen Befehl des Aufklebers gelesen hatten. Ich wusste, wir waren eine Enttäuschung, so sittsam, wie wir auf dem Bett saßen. Pip musste es auch gespürt haben, denn abrupt schlang sie ihren Arm um meine Schulter. Das hatte es noch nie gegeben, also war es wohl verständlich, dass ich erstarrte. Dann justierte ich meinen Körper ganz sachte, bis ich ihn in eine entspannte Haltung gebracht hatte. Pip zuckte nur mit der Wimper, als ich seufzte und meine Hand auf ihren Oberschenkel klatschte. Tammy beobachtete das alles und nickte sogar kurz beifällig, bevor sie sich wieder auf die Musik konzentrierte. Wir hörten die Smiths, Velvet Underground und die Sugarcubes. Pip und ich bewegten uns keinen Millimeter. Nach einer Stunde und zwanzig Minuten schmerzte mein Rücken, und meine taub gewordene, blau angelaufene Hand schien nicht mehr zu meinem Körper zu gehören. Ich entschuldigte mich höflich.

Die puderzarte Wärme des Badezimmers machte mich euphorisch. Allein zu sein, wirkte plötzlich abenteuerlich. Ich verriegelte die Tür und vollführte eine Reihe unwillkürlicher, barocker Gesten vor dem Spiegel. Ich winkte mir selbst zu wie eine Irre und schnitt abscheuliche, unsympathische Fratzen. Ich wusch meine Hände, als wären sie kleine Kinder, sanft wiegte ich erst die eine, dann die andere. Ich erlebte einen schweren Anfall von Individualität. Die wissenschaftliche Bezeichnung für solche Spasmen ist ›Schwanengesang‹. Das Gefühl legte sich schnell wieder. Ich trocknete meine Hände an einem winzigen blauen Handtuch ab und ging zurück ins Schlafzimmer.

Ich wusste es schon, ehe ich es sah. Ich wusste, ich würde sie in dieser Stellung zusammen auf dem Bett finden, ich wusste, ich würde geschockt sein, ich wusste, dass sie auseinanderfahren und sich den Mund abwischen würden. Pip würde mir nicht in die Augen sehen können. Ich würde nie wieder mit Tammy reden. Ich wusste, dass wir alle den Highschool-Abschluss machen würden, und ich wusste, dass Pip und ich wie vereinbart zusammen wohnen würden. Und ich wusste, dass sie mich nicht auf diese Weise begehrte. Niemals begehren würde. Andere Mädchen, jedes x-beliebige andere Mädchen, aber nicht mich.

Da wir nun die Miete bezahlt hatten, fühlten wir uns berechtigt, den Vermieter auf die Kakerlakensituation anzusprechen. Er sagte, er würde jemanden vorbeischicken, wir sollten uns aber keine großen Hoffnungen machen.

Wieso nicht?

Tja, das betrifft nicht nur Ihre Wohnung, das ganze Haus ist befallen.

Vielleicht sollten sie sich dann das ganze Haus vornehmen.

Das würde nichts nützen; dann kommen sie einfach aus anderen Häusern rüber.

Es ist der ganze Block?

Es ist die ganze Welt.

Da sagte ich ihm, es hätte sich erledigt, und legte schnell auf, bevor er Pip hämmern hören konnte. Wir nahmen einige Umbauten vor; genauer gesagt, wir bauten einen Keller. Unsere Wohnung war zwar winzig, hatte aber hohe Decken, und über unseren Köpfen gab es viel ungenutzten Platz, der einfach zu verlockend war. Pip fand, Emporen seien was für Hippies, darum hatte sie einen Plan gezeichnet, der es uns – obwohl unsere Wohnung im zweiten Stock lag – erlauben würde, in einem Hauptgeschoss mit niedriger Decke zu wohnen und über eine Leiter nach unten in den Keller zu steigen, wenn uns verdrießlich zumute war. Die schweren Sachen wie Kühlschrank oder Badewanne würden wir unten lassen, aber alles andere sollte nach oben. Wir sahen den Keller schon genau vor uns. Er hatte einen klammen, mineralischen Geruch. Wärme und Lichtstreifen würden durch die Decke sickern. Da oben war Zuhause. Dort oben wartete das Abendessen auf uns.

Einer der vielen guten Gründe für den Bau eines Kellers war, dass wir kostenlos an Holz herankamen. Pip hatte ein Mädchen kennen gelernt, dessen Vater der Besitzer von Berryman's Lumber and Supply war. Kate Berryman. Sie war ein Jahr jünger als wir und ging auf eine private Highschool, gleich um die Ecke von dem Haus, in dem Pips Großmutter wohnte. Ich hatte sie nie kennen gelernt, war aber froh, dass wir sie ausnutzten. Wir praktizierten eine sehr weit gefasste, sporadische Form des Klassenkampfs, die jede Art von Diebstahl rechtfertigte. Es gab keine Menschen, keine Firma, keine Bibliothek, kein Krankenhaus und keinen Park, die uns nicht bestohlen hatten, sei es psychisch oder historisch betrachtet, darum versuchten wir unentwegt, zurückzuholen, was uns gehörte. Kate wähnte sich wahrscheinlich in Sachen Umverteilung auf unserer Seite, wenn sie mit Mühe große Sperrholzplatten in den Laderaum des elterlichen Kombis wuchtete. Die deponierte sie dann in der Gasse hinter unserem Haus und hupte dreimal beim Wegfahren. Auf dieses Signal hin trollten wir uns hinaus, taten so, als gingen wir spazieren, kauften mitunter sogar irgendwo etwas zu trinken, um dann scheinbar zufällig, aus einer Laune heraus, in die Gasse zu schlendern. Überzeugt, alle hinters Licht geführt zu haben, schleppten wir anschließend das Holz die Treppen hoch. Wir schlugen dauernd irgendwem ein Schnippchen, was wiederum implizierte, dass uns ständig irgendwer beobachtete, was wiederum bedeutete, dass wir nicht allein auf der Welt waren.

Jeden Morgen machte Pip eine Liste, was im Lauf des Tages zu erledigen wäre. Ganz oben auf der Liste stand für gewöhnlich *zur Bank gehen*, denn dort bekam man kostenlos Kaffee. Die nächsten Punkte waren oft eher ungenau – *über Lebensmittelkarten schlaumachen, Bibliotheksausweis?* –, aber die Liste gab mir ein Gefühl der Geborgenheit. Ich sah ihr gern beim Schreiben zu, denn dann wusste ich, dass jemand den Tagesverlauf in die Hand nahm. Nachts besprachen wir, wie wir den Keller ausstatten würden, doch tagsüber kamen wir nur langsam voran. In erster Linie hatten wir jede Menge Holz; die Holzstücke lehnten an den Wänden oder lagen auf dem Sofa herum wie unerzogene Hunde.

Wir versuchten gerade, einen Pfosten in den Linoleumboden der Küche zu nageln, als Pip entschied, dass wir spezielle Winkelstützen benötigten.

Meinst du wirklich?

Ja. Ich ruf Kate an, und sie bringt sie vorbei.

Ist sie jetzt nicht in der Schule?

Das geht schon klar.

Pip telefonierte und ging dann duschen. Ich hämmerte weiter lange Nägel durch den Pfosten in den Fußboden. Der Pfosten stand sicher. Das war ein befriedigendes Gefühl. Er würde zwar bei der geringsten Belastung nachgeben, aber er stand von allein. Er war fast so groß wie ich, und ich konnte nicht anders, als ihm einen Namen zu geben. Er sah wie eine Gwen aus.

Es klingelte, und Pip rannte noch halbnass zur Tür. Es war Kate. Ich schaute von meinem Platz auf dem Küchenfußboden zu ihr hoch. Sie trug eine Schuluniform. Sie hatte keine Winkelstützen in der Hand. Vielleicht hatte sie sie ja unter ihrem Rock versteckt.

Wo sind die Winkelstützen?, fragte ich.

Panik in den Augen, schaute Kate zu Pip. Pip nahm ihre Hand, wandte sich mir zu und sagte: Wir müssen dir etwas sagen.

Mich fröstelte plötzlich. Meine Ohren fühlten sich so kalt an, dass ich meine Hände dagegen pressen musste. Aber mir war sofort klar, dass das aussah, als würde ich sie mir zuhalten, um nichts zu hören, wie der Affe, der nichts Böses hören will. Also rieb ich die Hände aneinander und fragte: Habt ihr kalte Ohren? Pip sagte nichts, aber Kate schüttelte den Kopf.

Okay, lasst hören.

Kate und ich werden zusammen im Haus ihrer Eltern wohnen.

Wieso?

Wie meinst du das?

Tja, ich bin sicher, Kates Dad möchte dich nicht im Haus haben, nachdem du ihm das ganze Zeug geklaut hast.

Ich werde den Schaden bei Berryman's Lumber abarbeiten. Vielleicht verdiene ich sogar genug Geld, um mir ein Auto zu kaufen.

Ich dachte darüber nach. Ich stellte mir Pip am Steuer eines Autos vor, eines Model T, mit Fahrerbrille und einem Schal, der hinter ihr im Wind flatterte.

Kann ich auch bei Berryman's Lumber arbeiten?

Pip war plötzlich wütend. Also bitte!

Was denn? Geht das nicht? Wenn nicht, dann sag's einfach.

Du willst wohl nicht verstehen!

Was denn?

Sie hob Kates Hand, die sie fest umklammert hielt, und schwenkte sie in der Luft.

Plötzlich brannten meine Ohren, sie kochten förmlich, und ich musste mir mit den Händen rechts und links Luft zufächeln, um sie zu kühlen. Das war zu viel für Pip; sie schnappte sich ihren Rucksack und marschierte, mit Kate im Schlepptau, aus der Wohnung.

Ich durfte nicht zulassen, dass sie das Gebäude verließ. Ich rannte durch den Korridor und stürzte mich auf sie. Sie schüttelte mich ab; ich schlang meine Arme um ihre Knie. Ich schluchzte und jammerte, aber nicht wie eine Zeichentrickfigur – das hier war echt. Wenn sie fortging, würde ich die Sprache verlieren, wie diese Kinder, die entsetzliche Greueltaten mitansehen mussten. Niemand würde mich verstehen, außer diesen Kindern. Pip machte meine Finger von ihren Schienbeinen los. Kate kniete sich hin, um ihr behilflich zu sein, und die Berührung ihrer puddinghaften Haut ekelte mich; ich wollte sie durchlöchern und schlug nach ihrer Brust. Pip nutzte diese Gelegenheit, um die Treppe hinunterzuhasten, und irgendwie gelang es Kate, ihr zu folgen. Ich hielt Kates Strickjacke in der Hand. Ich rannte den beiden nach und sah sie in Kates Auto springen. Bevor sie losfahren konnten, kniff ich die Augen zu und warf mich auf den Bürgersteig. So blieb ich liegen. Das war meine letzte Hoffnung – dass Pip sich meiner erbarmen würde. Ich hörte den laufenden Motor des Wagens. Ich lauschte auf den Verkehr und die Fußgänger, die vorsichtig um mich herumgingen. Ich meinte zu hören, wie Kate und Pip im Auto stritten, Pip wollte aussteigen und mir helfen, Kate drängte sie, loszufahren. Flehentlich presste ich meine Wange aufs Pflaster. Hochhackige Schuhe klickten auf mich zu und hielten inne; die Stimme einer älteren Frau fragte, ob mit mir alles in Ordnung sei. Ich flüsterte, es ginge mir gut, und betete stumm, sie möge weitergehen. Aber die Frau war hartnäckig, daher schlug ich schließlich die Augen auf, um ihr zu sagen, sie solle weitergehen. Kates Auto war fort.

Ich zerrte das Telefon hinter mir her ins Bett und schlief drei Tage lang. Ab und zu machte ich die Augen auf, bis mir alles wieder einfiel, dann versank ich wieder in Bewusstlosigkeit. In meinen Träumen tunnelte ich mir einen Weg zu ihr – wenn ich nur tief genug graben würde, würde ich sie finden. Die Tunnel wurden immer enger, während ich durch sie hindurchkroch, bis sie zu hoffnungslos verhedderten Haarsträhnen wurden, an denen ich nur noch herumzerren konnte.

Am Nachmittag des dritten Tages klingelte das Telefon. Ich

zog es aus den lehmigen Tiefen des Bettes. Kaum dass sie meine Stimme hörte, sollte sie wissen, dass ich im Sterben lag. Ich meldete mich mit einem Laut, der so ängstlich und erbärmlich klang, dass er durch die Sprache rasselte wie Kieselsteine. Hallo.

Es war Mr. Hilderbrand, der Vermieter. In irgendeinem absurden, parallelen Sciencefiction-Universum war die Miete fällig. Es war gerade erst einen Monat her, dass wir Leannes schmutzigen Slip gelüftet hatten. Ich legte auf und sah mich im Zimmer um. Mein Pfosten stand immer noch in der Küche und schwieg taktvoll. Ein gefährlich großes, tischähnliches Gebilde schwankte in der Mitte des Raums. Es war der erste halbe Quadratmeter des Obergeschosses. Ich kroch darunter und stellte mir vor, Pip und ich säßen mit Mr. und Mrs. Berryman zu Tisch. Es war ein Szenario, das Pip sich oft ausgemalt hatte. Sooft wir an einem schicken Haus vorbeigingen, bildete sie sich ein, die Besitzer würden sie gerne bei sich aufnehmen, wenn sie nur wüssten, dass sie verfügbar war. Sie betrachtete sich als entzückendes Straßenkind, ein Spielzeug für reiche Mütter. Es war eine Masche. Es gab nichts auf der Welt, das kein Trick war, das verstand ich plötzlich. Nichts war wichtig, und es gab nichts zu verlieren.

Ich ging ins Badezimmer und spritzte mir einige Handvoll Wasser ins Gesicht, und es war einfach. Tatsache: Es gab nichts, was ich nicht konnte. Ich zog die Jeans und das T-Shirt aus, in denen ich geschlafen hatte. Dann hockte ich mich nackt auf den Boden und schnitt mit einem Teppichmesser die Beine meiner Hose ab. Ich zog sie wieder an, und sie sah klitzeklein aus. Klitzeklein-und-ultrawinzig. Dann säbelte ich durch das T-Shirt und ließ Wenn ihr Jazz liebt auf dem Boden zurück. Das HUPT bedeckte kaum meine kleinen Brüste, aber hey. Hey, ich verließ die Wohnung. Ich ging über den Flur, und vor der Tür der Nachbarn stand ein kleiner Korb mit alten Äpfeln und einem Schild: FÜR MEINE NACHBARN, GREIFEN SIE ZU. Und hey, ich war am Verhungern. Ich nahm einen Apfel, und die Tür ging auf. Ich hatte diese Nachbarin bislang gar nicht richtig wahrgenommen, doch jetzt sah ich, dass sie ein Junkie war. Ein alter Junkie. Und sie trug eine Jacke, von der ich wusste, dass sie sie im Flur gefunden hatte. Es war Kates Strickjacke. Sie forderte mich auf, noch einen Apfel zu nehmen, und dann bat sie mich um eine Umarmung. Ich drückte sie fest, mit einem Apfel in jeder Hand. Letzte Woche noch hätte ich Angst gehabt, sie zu berühren, aber jetzt wusste ich: Es gab nichts, was ich nicht konnte.

Ich hatte kein Geld für den Bus, also ging ich zu Fuß. Es war unglaublich weit. Ein Pferd im Galopp würde auf dem Weg ermüden. Wenn Vögel dorthin flögen, würde man sie Zugvögel nennen. Aber es war nicht schwierig, es dauerte nur seine Zeit. Es war eine neue Erfahrung, in nichts als winzigen Shorts und einem T-Shirt, das zum Hupen aufforderte, durch die Stadt zu laufen. Die Leute hupten schon, ohne das T-Shirt gesehen zu haben. Ich hatte oft das Gefühl, man würde mir gleich einen Pfeil oder eine Kugel in den Rücken schießen, aber nichts passierte. Die Welt war keineswegs sicherer, als ich bislang geglaubt hatte; nein, im Gegenteil, sie war so gefährlich, dass meine Beinahe-Nacktheit sich bestens einfügte, wie ein Autounfall, so was kam jeden Tag vor.

Der Laden, zu dem ich ging, lag in einer Fußgängerzone zwischen einer Tierhandlung und einer Wechselstube. Ich fragte den Mann an der Kasse, ob sie Leute suchten, und er gab mir ein Formular, das ich ausfüllen sollte. Als ich es zurückgab, starrte er darauf, ohne die Augen zu bewegen, was mich auf den Gedanken brachte, dass er vielleicht nicht lesen konnte. Er sagte, ich könnte am selben Abend anfangen, wenn ich um neun wiederkäme. Ich sagte: Klasse. Er sagte, sein Name sei Allen, ich sagte, mein Name sei Gwen.

Ich trieb mich drei Stunden in der Fußgängerzone herum. Die Tierhandlung hatte zu, aber ich konnte durchs Fenster die Kaninchen sehen. Ich presste meine Finger gegen die Scheibe, und ein greises Schlappohr hoppelte gelangweilt auf mich zu. Es starrte mich erst mit dem einen, dann mit dem anderen Auge an. Seine Nase zitterte, und einen Moment war mir, als ob es mich wiedererkannte. Es kannte mich von früher, wie ein alter Lehrer oder ein Freund meiner Eltern. Die Augen des Kaninchens huschten rasch über meine Kleidung und witterten meine wilde, traurige Entschlossenheit und dass ich nichts Gutes im Sinn hatte. Dann stand ich auf, wischte mir die Knie ab und betrat Mr. Peeps Sexshop – Videos und mehr.

›Und mehr‹ spielte sich im hinteren Bereich ab. Allen überantwortete mich dort einer Frau namens Christy. Sie saß auf einem grünen Plastikgartenstuhl und trug eine rosa OshKosh-Latzhose. Beim Anblick der robusten, goldenen Schnallen der Latzhosenträger fragte ich mich, ob alles Vertraute in Wirklichkeit Teil einer geheimen sexuellen Unterwelt sei. Christy führte mich in die Kabine und begann, Dildos und Flaschen und Perlenschnüre in eine Adidas-Sporttasche zu packen. Adidas. Ihre Gerätschaften lagen auf einem alten Handtuch mit Blumenmuster ausgebreitet, und ich wusste, wenn ich an dem

Handtuch roch, würde es wie meine Großmutter riechen. Oma. Christy schlang das Handtuch um ein kleines leeres Marmeladenglas.

Wofür ist das?

Pinkeln.

Selbst Pinkeln gehörte dazu. Sie zeigte mir die Preisliste und den Schlitz, durch den das Geld kommen würde. Sie hob ihre Hand in die Luft, als sie mir beschrieb, wie der Vorhang sich nach oben schieben würde. Sie säuberte einen Telefonhörer mit Glasreiniger und Papiertüchern und trug mir auf, ihn nie klebrig zurückzulassen. Dann band sie mit rascher, gekonnter Bewegung ihr langes, dünnes Haar zu einem Pferdeschwanz, schwang sich die Adidas-Tasche über die Schulter und ging.

Der Laden wirkte sehr still, wie eine Bibliothek. Ich setzte mich in den grünen Plastikstuhl und zupfte mein Shirt und meine Hose zurecht. Die Neonröhren summten mit zeitloser Beharrlichkeit. Ich schaute zu ihnen hoch und stellte mir vor, dass sie, und nicht die Sterne, auf die lange Geschichte der menschlichen Evolution herabgeleuchtet hatten. Sie hatten über Eiszeiten und über Neandertalern gesummt, und nun summten sie über mir. Ich stand auf und ging in meine Kabine. Ich besaß nichts, das ich auf einem Handtuch hätte auslegen können; ich besaß nicht einmal ein Handtuch. Alles, was ich besaß, war der Schlüssel zur Wohnung. Wenn ich heute Abend kein Geld verdiente, würde ich den ganzen Weg zurück laufen müssen. Bei Nacht. In dieser Aufmachung. Ich war in der einzigartigen Situation, eine Live Fantasy Show darbieten zu müssen, um meine körperliche Unversehrtheit zu schützen.

Ich übte mich darin, den Hörer abzunehmen. Ich machte es

fünfmal, immer schneller, als wäre das die Fertigkeit, für die ich bezahlt würde. Ich überlegte mir, welche Wörter ich hineinsprechen würde. Wörter, die ich nie benutzt hatte, außer beim Fluchen. Ich versuchte sie mir als verführerisch vorzustellen. Ich versuchte, sie verführerisch in den Hörer zu sagen, aber sie kamen in gepresstem Flüsterton heraus. Was, wenn ich sie nicht aussprechen könnte? Was wäre das für eine peinliche Situation! Der Mann würde sein Geld zurückverlangen, und ich würde nicht mit dem Bus fahren können. In meiner Panik sagte ich alle schmutzigen Wörter, die ich kannte, in einem einzigen, langen Fluch auf: *Schwanzlutschende-eierleckende-Hure-Nutte-Fotze-mösenleckendes-Arschloch-Ficker.* Ich legte den Hörer auf. Immerhin konnte ich sie aussprechen.

Ich saß über drei Stunden auf dem Plastikstuhl. Während dieser Zeit kamen zwei verschiedene Männer in den Laden. Sie warfen mir beide über die Regale mit den Videos hinweg verstohlene Blicke zu, aber keiner von beiden kam nach hinten. Nachdem der zweite Mann wieder gegangen war, rief Allen von der Theke.

Das ist schon der Zweite, den du entwischen lässt!

Was?

Du musst aggressiver sein! Du kannst da hinten nicht bloß auf deinem Arsch hocken!

Alles klar!

Zwanzig Minuten später kam ein Mann in einem schwarzen Sweatshirt herein. Er guckte über ein Regal mit Magazinen zu mir rüber, und ich stand auf und ging auf ihn zu. Auf seinem Sweatshirt sah man das Bild einer Galaxie, einen Pfeil, der auf einen winzigen Punkt zeigte, und den Satz SIE SIND HIER. Der Mann blickte zu mir auf und tat überrascht. Ich stellte mir vor, dass er in Gegenwart einer Dame instinktiv den Hut abnahm, aber er trug keinen Hut.

Haben Sie Interesse an einer Live-Vorführung, Sir?

Ja. Okay.

Er folgte mir in den hinteren Teil des Ladens. Wir trennten uns für einen Moment und trafen uns dann in der Kabine wieder, durch die verhängte Scheibe getrennt. Ich hörte, wie ein Portemonnaie mit Klettverschluss aufgeritscht wurde, zwanzig Dollar fielen sanft in die abgeschlossene Plastikbox, und der Vorhang hob sich. Er hatte bereits seinen Penis rausgeholt und den Hörer in der Hand. Ich nahm meinen Hörer ab. Aber wie ich befürchtet hatte, bekam ich kein Wort heraus. Ich stand paralysiert da, wie auf einem Felsen über einem eiskalten See. Ich war nie gut darin, reinzuspringen, das eine Element aufzugeben und mich dem anderen anzuvertrauen. Ich konnte den ganzen Tag dastehen und die anderen Kinder vorlassen. Er rubbelte an sich rauf und runter, und es war ein seltsamer Anblick, nichts, was man jeden Tag zu sehen bekam. Genau genommen hatte ich das noch nie gesehen. Er sagte etwas in den Hörer, aber ich verstand es nicht. Obwohl wir so nahe beieinander waren, war die Verbindung nicht gut.

Wie bitte?

Kannst du deine Kleider ausziehen?

Oh. Klar.

Es wird einem von klein auf anerzogen, sich nicht vor wildfremden Leuten auszuziehen. Angezogen zu bleiben, ist sogar die oberste Regel der Zivilisation. Selbst eine Ente oder ein Bär sehen zivilisiert aus, wenn sie etwas anhaben. Ich ließ meine Jeans-Shorts runter und zog mein Shirt über den Kopf. Ich stand nackt da, wie ein Bär oder eine Ente. Der Mann starrte mich mit verbissener Konzentration an, meine bleichen Brüste, das Haarbüschelchen zwischen meinen Beinen, sein Blick wanderte zwischen diesen beiden Polen hin und her. Ab und zu vergewisserte er sich, dass ich ihn auch ansah. Gewissenhaft starrte ich auf seinen Penis und hoffte, dass es damit getan wäre, doch nach ein paar Sekunden fragte er, ob mir gefiele, was ich sähe. Wieder stand ich auf dem Felsen, während Kinder unter mir ins Wasser platschten und schrien, »Spring!«. Aber ich wusste: Springen wäre wie sterben, ich würde alles loslassen müssen. Ich dachte darüber nach, was ich besaß. Sie hatte nicht angerufen, sie würde nicht anrufen, ich war allein, und ich war hier – nicht einmal in irgendeinem abstrakten Sinn, nicht hier auf der Erde oder hier im Universum, sondern wirklich *hier*, stand nackt vor diesem Mann. Ich schob meine Hand zwischen meine Beine und sagte: Dein großer harter Schwanz macht mich ganz geil.

Um fünf Uhr morgens glitt ich in einem Bus durch die Nacht. Der Bus war jedoch nur eine Formalität – eigentlich flog ich, in der Luft, und ich war größer als die meisten Menschen, ich war drei oder vier Meter groß und konnte fliegen, ich konnte über Autos springen, ich konnte gierig, sanft, schüchtern und fordernd »Schwanz« sagen, ich konnte fliegen. Und ich hatte 325 Dollar in der Tasche. Mit einem Fuß in der Badewanne zu stehen, war nicht nur ein Mittel, die Zeit anzuhalten, es war auch ein Ritual, um sie zurückzubringen. Bis sie nach Hause kam, würde ich Gwen sein.

Ich kaufte mir ein lindgrünes Negligé, einen Dildo, mit dem ich mich entjungferte, und eine Perücke, einen kastanienbraunen Bobschnitt, ein Modell namens Elan. Ich hasste meinen Job, aber es gefiel mir, dass ich ihn machen konnte. Ich hatte früher an ein kostbares innerstes Selbst geglaubt, aber jetzt nicht mehr. Ich hatte mich für zerbrechlich gehalten, aber das war ich nicht. Es war etwa so, wie plötzlich gut in Sport zu sein. Football war mir egal, aber es war schon ziemlich toll, in der NFL zu sein. Ich erzählte lange, verwickelte Geschichten, die sich um meine dauerfeuchte Muschi drehten, ich bot jeden erdenklichen Teil meines Körpers dar, ich erzählte Kunden, ich würde sie vermissen, und diese Kunden wurden dann zu Stammgästen, und diese Stammgäste zu Stalkern. Ich lernte, bis kurz vor Eintreffen meines Busses im Laden zu bleiben und dann an jedem vorbeizuflitzen, der auf dem Parkplatz lauerte, dabei winkte ich und rief: Komm Donnerstag wieder vorbei!

Und ich hatte schreckliche Sehnsucht nach ihr.

Eines Abends hatte der Bus Verspätung, und ein Kunde folgte mir bis zum Straßenrand. Er stand neben mir an der Bushaltestelle, und ich ignorierte ihn. Dann begann er zu spucken. Erst spuckte er auf den Bürgersteig, dann mehr so generell in die Luft. Ich spürte, dass mir winzige feuchte Tröpfchen aufs Gesicht geweht wurden, presste meine Lippen zusammen und trat etwas zurück. Er trat auch zurück und fuhr fort, seine Streumunition in der Luft zu verteilen. Diese Art von sexueller Belästigung folgte einer derart verqueren Logik, dass ich mich nicht zurechtfand; ich konnte nicht einschätzen, ob es beängstigend oder lächerlich war, und dieses Gefühl veranlasste mich, wieder hineinzugehen. Zuerst ging, dann rannte ich. Ich knallte die Tür hinter mir zu. Aber Mr. Peeps war nicht unbedingt der sicherste Zufluchtsort, und ich konnte auch nicht ewig hierbleiben. Ich bat Allen, nach draußen zu gehen und nachzusehen, ob der Kunde noch da war. Er war noch da. Ob Allen ihn nicht auffordern konnte, wegzugehen? Allen meinte, das könne er nicht, weil der Mann a) nichts Ungesetzliches tat und b) ein guter Kunde war. Allen fand, ich solle eine Freundin anrufen oder ein Taxi und mich abholen lassen.

Das war der Augenblick, auf den ich gewartet hatte, und ich staunte, wie organisch er sich ergeben hatte. Normalerweise stellte ich mir vor, Gift zu nehmen oder von einem Auto angefahren zu werden. Eine Amtsperson, ein Polizist oder eine Krankenschwester, würde fragen, ob es jemanden gebe, den man anrufen sollte. Ich würde dann ihren Namen röcheln. Sie arbeitet bei Berryman's Lumber and Supply, würde ich sagen. Die jetzige Situation war nicht ganz so ernst, aber es ging um meine Sicherheit und, noch wichtiger, es war nicht meine Idee, sie anzurufen. Es war mir aufgetragen worden, nahezu befohlen, von einem Vorgesetzten, von Allen.

Ich rief hastig, fast zerstreut bei Berryman's Lumber an, so wie jemand, der sich nach Ersatzsägeblättern erkundigen will. Aber kaum hatte ich den Rufton im Ohr, weiteten sich meine Sinne und sperrten alles aus, was nicht das Klingeln oder mein eigener Herzschlag war.

Berryman's Lumber and Supply, was kann ich für Sie tun?

Ist Pip Greeley zu sprechen?

Eine Sekunde bitte.

Nur eine Sekunde. Nur zwei Monate. Nur ein Leben lang. Nur eine Sekunde.

Hallo?

Ich bin's.

Oh. Hi.

So würde das nichts werden. Dieses Oh. Hi. Ich konnte nicht der Mensch sein, der eine solche Erwiderung herausforderte.

Ich rückte meine Perücke zurecht. Ich lächelte in die Luft, so wie ich lächle, wenn Kunden ihre Gürtel aufmachen, und ich ließ meine Augen strahlen, als wäre alles eine Art großer Spaß. Ich fing noch mal neu an.

Hey, ich bin gerade in der Klemme und dachte, du könntest mir vielleicht helfen?

Ja? Was ist los?

Ich arbeite in so einem Laden, Mr. Peeps. Und hier treibt sich so ein echt unheimlicher Typ rum. Hast du ein Auto?

Sie schwieg einen Augenblick. Ich konnte den Namen Mr. Peeps förmlich in ihrem Kopf nachschwingen hören. Es klang nach einem Mann mit Augen groß wie Untertassen. Sie hatte es sich zur Lebensaufgabe gemacht, Mr. Peeps aus dem Weg zu gehen, und jetzt kam ich und machte mit ihm rum. Ich war entweder abstoßend und dumm, oder ich war etwas anderes. Etwas Überraschendes. Ich hielt den Atem an.

Sie sagte, sie könne vermutlich einen Lieferwagen ausleihen und ob ich zwanzig Minuten warten könne, bis sie Feierabend hätte? Ich sagte, das ginge wahrscheinlich.

Im Lieferwagen redeten wir nicht, und ich schaute sie auch nicht an, aber ich spürte, dass sie mich immer wieder ungläubig musterte. Normalerweise ziehe ich mich um und setze die Perücke ab, ehe ich nach Hause fahre, aber es war gut, dass ich das heute Abend nicht getan hatte. Ich hielt aus dem Fenster Ausschau nach anderen Beifahrern, die in ihren Fahrer oder ihre Fahrerin verliebt waren, aber wir hatten uns gut getarnt, wir taten gelangweilt und beteten um mehr Verkehr. Gerade als ihr ehemaliges Zuhause in Sicht kam, bog sie plötzlich nach links ab und fragte, ob ich sehen wollte, wo sie jetzt wohnte.

Du meinst bei Kate?

Nein, das hat nicht funktioniert. Ich wohne im Keller von einem Typen, mit dem ich arbeite.

Na klar.

Der Keller war »unrenoviert«, wie man so sagt. Es war Dreck, mit einigen Regalbrettern hier und da, Aufbauten, die ein Bett trugen, und ein paar Milchkästen. Sie schwenkte eine Taschenlampe herum und meinte: Nur fünfundsiebzig Dollar im Monat.

Ach wirklich.

Ja, das ganze Riesenzimmer! Das sind über hundertvierzig Quadratmeter. Ich kann daraus machen, was ich will.

Sie führte mich zwischen den Pfeilern herum und schilderte ihre Pläne. Oben ging eine Toilettenspülung, und ich konnte ihren Arbeitskollegen beinahe über uns herumlaufen sehen. Er blieb kurz stehen, ein Sofa quietschte, ein Fernseher wurde eingeschaltet. Es waren die Nachrichten. Sie hängte die Taschenlampe in eine herabbaumelnde Schlinge, und ein trüber Lichtpunkt fiel auf ihr Kopfkissen. Ich streckte mich auf dem Bett aus und gähnte. Sie starrte mich der Länge nach an.

Du kannst hierbleiben, wenn du Lust hast, wenn du müde bist, meine ich.

Vielleicht döse ich nur ein wenig.

Ich muss noch ein bisschen aufräumen.

Du räumst auf, ich döse.

Ich hörte ihr beim Fegen zu. Ihr Fegen kam näher und näher, sie wischte dicht um die Matratze herum. Dann legte sie den Besen weg und kam zu mir ins Bett. Sehr lange lagen wir stocksteif da, Schließlich hustete der Mann über uns, was eine Welle kinetischer Energie freisetzte. Pip verrückte ihre Schultern, bis der äußerste Zipfel ihres T-Shirts meinen Arm berührte; ich öffnete und verschränkte meine Beine und ließ meinen Knöchel wie zufällig gegen ihr Schienbein stoßen. Weitere fünf Sekunden kamen und gingen, wie die fetten Beats einer Bassdrum; keiner von uns dreien rührte sich. Dann bewegte er sich auf der Couch, und sofort drehten wir uns einander zu, unsere Münder trafen sich, unsere Hände grapschten zudringlich, schmerzhaft sogar. Irgendwie war es notwendig, erst einmal brutal zu sein, sich wütend zu stellen und keine Zugeständnisse zu machen. Aber nachdem wir uns tief in die Nacht hinein gebalgt und die Taschenlampe ausgemacht hatten, überraschte sie mich mit sanften Liebkosungen. So war es also, nicht ich selbst zu sein. So also war Pip. Denn, nur keine Missverständnisse, ich behielt die ganze Zeit meine Perücke auf. Ich ging davon aus, dass sie all das ermöglichte, und ich hatte vermutlich recht. Die Perücke und der Umstand, dass ich nicht weinte, obwohl mir verzweifelt nach Weinen zumute war, danach, ihr zu sagen, wie unglücklich ich gewesen war, sie an mich zu drücken und ihr das Versprechen abzunehmen, nie wieder wegzugehen. Ich wollte, dass sie mich anflehte, meinen Job aufzugeben, und dann wollte ich meinen Job aufgeben.

Aber sie flehte mich nicht an, im Gegenteil, ohne Mr. Peeps ging gar nichts. Jede Nacht holte sie mich in dem Lieferwagen von Berryman's Lumber ab, nahm mich mit zu sich nach unten und schlief mit mir. Und ich ging jeden Morgen nach Hause und nahm meine Perücke ab. Ich kratzte mir die verschwitzte Kopfhaut und ließ meinen Kopf zwei Stunden atmen, bevor ich wieder in den Bus stieg und zur Arbeit fuhr. Auf diese Art verlebte ich acht wundervolle Tage. Am neunten Tag schlug Pip vor, gemeinsam frühstücken zu gehen, bevor ich zur Arbeit aufbrach.

Würde ich gerne, aber ich muss nach Hause und mich fertigmachen.

Du siehst doch fantastisch aus.

Aber ich muss mir die Haare waschen.

Dein Haar sieht fantastisch aus.

Ich fasste mir an die Perücke und lachte, aber sie lächelte nicht.

Wirklich, es sieht fantastisch aus.

Wir starrten einander unverwandt in die Augen, und eine gewisse Feindseligkeit blitzte zwischen uns auf. Natürlich war es eine Perücke – ich wusste, dass sie es wusste –, doch sie war plötzlich entschlossen, mich bloßzustellen. Ich stellte mir vor, dass wir uns gerade duellierten, unsere filigranen Florette schwangen.

Na schön, gehen wir eben frühstücken.

Ich kann dich bei Mr. Peeps absetzen.

Schön. Vielen Dank.

Wie jeder weiß, kann man einen Menschen komplett mit Fassadenfarbe anstreichen, und er bleibt am Leben, solange man die Fußsohlen frei lässt. Schon eine Kleinigkeit wie diese kann einen Menschen umbringen. Ich hatte die Perücke nun fast dreißig Stunden am Stück getragen, und während ich strippte und tanzte und stöhnte, wurde mir langsam heiß, unerträglich heiß. Gegen Mittag lief mir schon der Schweiß übers Gesicht, aber ein Mann nach dem anderen kam herein, es war ein Tag mit unglaublichen Einnahmen. Allen tätschelte mir sogar den Rücken, als ich ging, und sagte: Gute Arbeit, Champ. Pip wartete im Lieferwagen, aber der Weg über den Parkplatz erschien mir lang und bizarr. Ich glaubte, einen Kunden wiederzuerkennen, der neben seinem Auto kauerte, aber nein, es war nur ein normaler Mann, der sich über einen Käfig beugte. Er murmelte: So ist brav, wir bringen dich jetzt nach Hause.

Pip steckte mich sofort ins Bett und borgte sich sogar ein Thermometer von ihrem Arbeitskollegen von oben. Aber sie schlug mir nicht vor, die Perücke abzunehmen, und in meinem Fieber verstand ich, was das bedeutete. Ich sah sie mit einer Pistole auf der Lichtung stehen und wusste, ohne hinsehen zu müssen, dass meine Hände leer waren. Aber ich konnte immer noch gewinnen, wenn ich so tat, als hätte ich eine Pistole. Wenn ich peng sagte und mich von ihr erschießen ließe, hätte ich gewonnen. Wenn ich auf diese Weise stürbe, als Gwen, würde der Rest von mir trotzdem weiterleben? Und was war der Rest von mir eigentlich? Mit dieser Frage schlief ich ein und grub einen Tunnel durch die Nacht, zerrte an den verhedderten Haaren, bis die Perücke runter war. Am Morgen setzte ich sie nicht wieder auf, und Pip fragte mich auch nicht, wie es mir gehe: Sie sah, dass es mir gut ging. Sie bot mir nicht an, mich zur Arbeit zu fahren, und wir wussten beide, dass sie auch nicht da sein würde, um mich abzuholen.

Ich saß auf dem grünen Plastikstuhl unter den Neonleuchten. Das Geschäft lief außerordentlich schleppend. Alle Männer der Welt schienen zu beschäftigt zu sein, um zu masturbieren. Ich stellte mir vor, wie sie da draußen rechtschaffene Dinge taten, Verbrechen aufklärten und ihren Kindern das Radschlagen beibrachten. Es war die letzte Stunde meiner Acht-Stunden-Schicht, und ich hatte noch keine einzige Vorstellung gegeben. Es war schon fast unheimlich. Ich beobachtete die Uhr und die Eingangstür und fing an, Wetten abzuschließen. Wenn in den nächsten fünfzehn Minuten kein Kunde käme, würde ich Allens Namen rufen. Fünfzehn Minuten verstrichen.

Allen!

Was ist?

Nichts.

Jetzt blieben nur noch zwanzig Minuten. Wenn in den nächsten zwölf Minuten niemand käme, würde ich das Wort »mir« rufen – so wie in mir nichts, dir nichts. Nach sieben Minuten bimmelte die Tür, und ein Mann kam herein. Er kaufte ein Video und ging wieder.

Mir!

Was ist?

Nichts.

Nun waren es die letzten acht. Wenn kein Kunde reinkäme, würde ich das Wort »reicht's« rufen. Wie in: Genug, basta, ich geh nach Hause. Ich starrte auf die Tür. Bei jedem Atemzug, den ich tat, mit jeder Minute, die verstrich, drohte sie aufzugehen. Eins. Zwei. Drei. Vier. Fünf. Sechs. Sieben. Acht.

NACHWORT
Von Herzen, Zündkerzen und Blitzableitern

Liebe ist, wenn man gibt, was man nicht hat.
Jacques Lacan

Als Teenager besaß ich eine rote Schachtel voller gut gehüteter Schätze: ein winziger Kelch war darin, geformt aus dem Silberpapier eines Kaugummis; eine Spielkarte – Karo Bube –, deren rechte obere Ecke ganz zerfleddert war; ein kanariengelbes Briefchen, dicht mit blauer Tinte beschrieben; ein runder Kieselstein mit einem Loch in der Mitte; die Eintrittskarte zu einem *Uriah Heep*-Konzert und eine defekte Zündkerze. Diese Dinge waren – bis auf den Stein vielleicht – weder schön noch nützlich. Es war ihnen nicht anzusehen, dass ihnen etwas geradezu Magisches innewohnte. Ihre besondere Kraft besaßen sie nur für mich. Die Liebe hatte sie ihnen verliehen. Indem ich die Gegenstände aus meiner roten Schachtel nahm, sie in der Hand hielt und befühlte, war ich dem anderen für einen Augenblick ganz nah. Die Dinge schienen alles gespeichert zu haben: die heimlichen Blicke, den ersten Kuss, das Glück, die Sehnsucht. Mein Liebesinventar gab mir das Gefühl, die Zeit anhalten und der Flüchtigkeit habhaft werden zu können – und hinterließ doch eine Leere. Denn kaum legte ich alles wieder zurück, verschwanden auch Blicke, Kuss, Glück und Sehnsucht in der Schachtel. Am Ende waren meine Schätze nicht viel mehr als die Devotionalien eines großen, schwer zu fassenden Gefühls. Wer sich verliebt, sagt man, der droht sich zu verlieren. Auch dagegen sammelte ich vermutlich an: gegen den Verlust und die Vergänglichkeit.

Über die Liebe, so könnte man meinen, ist alles gesagt. Und dennoch vergeht kein Tag, an dem nicht irgendwo auf der Welt ein neuer Film in die Kinos kommt oder ein neuer Song die Charts stürmt, bei dem es nicht um die stärkste Zuneigung geht, die ein Mensch für einen anderen Menschen zu empfinden in der Lage ist. Auch der unglaubliche Erfolg des Albums »21« der britischen Sängerin Adele Laurie Blue Adkins beispielsweise verdankt sich, wenn man dem Pressetext glauben darf, neben der herausragenden Stimme von Adele einzig einer unglücklichen Liebe. Denn soviel steht fest: Eine Liebesgeschichte, die von Erfüllung und glücklicher Zweisamkeit handelte, würde uns nicht berühren. »Wir schätzen die Liebe nicht, weil sie stärker, sondern weil sie schwächer ist als der Tod«, sagt Jeffrey Eugenides. Nicht zuletzt deshalb schreiben wir über sie.

Im Laufe des Lebens lernen wir außerdem, dass wir in der Liebe alle Anfänger sind – immer wieder aufs Neue, mit siebzig genauso wie mit siebzehn. Auch darum sind wir vermutlich so anfällig für Liebesgeschichten. Wir suchen Rat und Trost in Erzählungen, Filmen, Gedichten und Songtexten – verfasst von Anfängern wie wir. Selbst der nach allen Regeln der Kunst geschulte Geschmack kann uns dabei kurzfristig abhandenkommen. Sentimentaler Kitsch? Schnulze? Pathos? Egal! Im Namen der Liebe kommt uns das alles gerade recht. Man hat schon Hochschulprofessoren »Es fährt ein Zug nach Nirgendwo« pfeifen hören.

Irgendetwas sagt uns, dass es so etwas nicht gibt wie: ein bisschen Liebe. Kein: vielleicht liebe ich Dich. Liebe ist niemals vorläufig. Darin liegt ihr Versprechen, aber auch eine große

Melancholie. Liebe will Ewigkeit – und ist dabei doch endlich. Das ist zutiefst verunsichernd. In einer Zeit, in der wir ständig damit beschäftigt sind, Möglichkeiten gegeneinander abzuwägen und uns Optionen offen zu halten, sind wir für diese Verunsicherung noch anfälliger geworden. Auf der Suche nach der ultimativen Erfüllung treffen wir Entscheidungen und laufen ständig Gefahr, schon morgen etwas nicht mehr zu wollen, was wir heute für richtig halten. Im Namen der Selbstverwirklichung tauschen wir Bindung und Verbindlichkeit gegen die Möglichkeit der Wahl. Und tragen schwer an der Vergänglichkeit, die wir damit stillschweigend in Kauf nehmen.

»Liebst Du mich?«, fragte er.
»Ja«, sagte sie. »Sehr.«
»Und warum?«
»Ich weiß nicht.«
»Dann ist es gut.«

In dem Moment, in dem wir unsere Liebe begründen können – ich liebe dich wegen deiner blauen Augen, deines Humors, deiner Großzügigkeit –, beginnen wir, sie zu verraten. Wenn ihr nichts Rätselhaftes, Unbeschreibliches und eben Unaussprechliches mehr anhaftet und sie auf Alltagsmaß geschrumpft ist, droht der Liebe das Aus. Doch ohne diese Normalisierung des Ausnahmezustandes, in den uns die Liebe versetzt, könnten wir vermutlich nicht leben. Aber auch dagegen schreiben und lesen wir an: gegen das Schrumpfen, das Abklingen, das Verkümmern.

Die Liebe hebt unseren Alltag aus den Angeln. Sie veranlasst uns, Dinge zu tun, die wir sonst niemals täten. Darum ist sie nicht ohne Risiko zu haben, nicht ohne Angst, Leid und Schrecken. Und auch nicht ohne Peinlichkeiten. Die Liebe macht uns zu Helden und Verlierern. Zu Hochstaplern, Betrügern, Verrätern und Idioten. Wie weit würde man für seine Liebe gehen? Kein Motiv, das es nicht wert wäre, in ihrem Namen verteidigt zu werden. Eifersucht, Lüge, Rache, Verrat: Das ist der Stoff, aus dem die kleinen und großen Dramen der Welt gemacht sind. Bei Shakespeare genauso wie in unserer überstrukturierten, von Optionen und Entscheidungen geprägten Zeit.

»Was Prügel sind, das weiß man schon; was aber die Liebe ist, das hat noch keiner herausgebracht«, schreibt Heinrich Heine. Und weiter: »Einige Naturphilosophen haben behauptet, es sei eine Art Elektrizität. Das ist möglich; denn im Momente des Verliebens ist uns zu Mute, als habe ein elektrischer Strahl aus dem Auge der Geliebten plötzlich in unser Herz eingeschlagen. Ach! diese Blitze sind die verderblichsten, und wer gegen diese einen Ableiter erfindet, den will ich höher achten als Franklin.« Und solange er nicht erfunden ist, brauchen wir sie, die Liebesgeschichten, die uns auch deshalb trösten, weil sie uns zeigen, dass wir nicht alleine sind mit dem Gefühl, aus heiterem Himmel den Verstand zu verlieren.

Gefragt nach dem wertvollsten Stück in meiner Sammlung, würde ich ohne zu zögern die Zündkerze nennen. Dieses kleine Ding, das die silberne Vespa 125N nicht mehr zum Laufen brachte, wurde an jenem Tag, als es dem Zweitaktmotor seine Dienste verweigerte, Zeuge eines Blickes, nach dem nichts mehr so war wie zuvor.

Nadja Mayer

QUELLENNACHWEISE

Lily Brett, Auszug aus »Liebe«. Aus: Lily Brett, Zu sehen. Aus dem Amerikanischen von Anne Lösch. © Suhrkamp Verlag Frankfurt am Main 2008.

Kurt Drawert, »Aber die Liebe ist nur eine Einbildung«. Aus: Kurt Drawert, Idylle, rückwärts. Gedichte aus drei Jahrzehnten. © C.H. Beck Verlag, München 2011.

Max Frisch, Skizze eines Unglücks. Aus: Max Frisch, Tagebuch 1966-1971. © Suhrkamp Verlag Frankfurt am Main 1972.

Judith Hermann, Sonja. Aus: Judith Hermann, Sommerhaus, später. © S. Fischer Verlag GmbH, Frankfurt am Main 1998.

Ernst Jandl, »liegen, bei dir«. Aus: Ernst Jandl, poetische werke. Herausgegeben von Klaus Siblewski. © 1997 Luchterhand Literaturverlag, München, in der Verlagsgruppe Random House GmbH.

Miranda July, Etwas, das nichts braucht. Aus: Miranda July, Zehn Wahrheiten. Stories. Aus dem Englischen von Clara Drechsler und Harald Hellmann. Copyright der deutschsprachigen Ausgabe © 2008 Diogenes Verlag AG, Zürich.

Daniel Kehlmann, Wie ich log und starb. Aus: Daniel Kehlmann, Ruhm. Ein Roman in neun Geschichten. Copyright © 2009 Rowohlt Verlag GmbH, Reinbek bei Hamburg.

David Levithan, woo, v. umwerben, V. Aus: David Levithan, Das Wörterbuch der Liebenden. Aus dem Englischen von Andreas Steinhöfel. © 2010 Graf Verlag in der Ullstein Buchverlage GmbH, Berlin.

Nadja Mayer, Matching-Punkte. Originalbeitrag. © Nadja Mayer. Abdruck mit freundlicher Genehmigung der Autorin.

Albert Ostermaier, »reisebegleiter«. Aus: Albert Ostermaier, für den anfang der nacht. Liebesgedichte. © Suhrkamp Verlag Frankfurt am Main 2007.

Angelika Overath, Kirschbäume und frühe Zweifel. Aus: Angelika Overath, Fließendes Land. © 2012 Luchterhand Literaturverlag, München, in der Verlagsgruppe Random House GmbH.

Camille de Peretti, Thérèses Zimmer, 3, 23 Uhr 00. Auszug aus: Camille de Peretti, Wir werden zusammen alt. Deutsche Übersetzung von Hinrich Schmidt-Henkel. Copyright © 2008 Éditions Stock; 2011 Rowohlt Verlag GmbH, Reinbek bei Hamburg.

Ralf Rothmann, Strange Little Girl. Aus: Ralf Rothmann, Ein Winter unter Hirschen. Erzählungen. © Suhrkamp Verlag Frankfurt am Main 2001.

Peter Stamm, Der Lauf der Dinge. Aus: Peter Stamm, Seerücken. © 2011 by Peter Stamm. Alle Rechte vorbehalten S. Fischer Verlag GmbH, Frankfurt am Main.

Botho Strauss, Verkennung. Aus: Botho Strauss, Sie/Er. Erzählungen. Ausgewählt von Thomas Hürlimann. © Carl Hanser Verlag München 2012.

Jean-Philippe Toussaint, Prag. Aus: Jean-Philippe Toussaint, Selbstporträt (in der Fremde). Aus dem Französischen von Bernd Schwibs. © Frankfurter Verlagsanstalt GmbH, Frankfurt am Main 2001.

William Carlos Williams, »This is just to say«. Deutsch von Hans Magnus Enzensberger: »Nur damit du Bescheid weißt«. Aus: William Carlos Williams, Die Worte, die Worte, die Worte. Gedichte. Amerikanisch und deutsch. Übertragung, das Gedicht »Envoi« und Nachwort von Hans Magnus Enzensberger.